金蝶 ERP 实验课程指定教材

金蝶 K/3 ERP 会计信息系统实验教程

傅仕伟　郑菁　李湘琳　张文　著

清华大学出版社
北京

内 容 简 介

本书为金蝶ERP实验课程指定教材，以金蝶K/3 WISE V13.1版为蓝本，详细介绍了总账、应收应付、供应链、工资、固定资产、现金管理、报表等系统功能。同时，本书在最后一章还提供了练习案例，可以让学生在学完本书后，进行实际操作演练。

本书结合了作者所在企业多年的信息化实践经验，非常适合高等院校的财务会计、企业管理、软件技术、物流管理等相关专业作为教学用书，对于学生了解企业的管理与实际业务，以及如何与信息系统结合非常有帮助。对于企业信息化主管及业务人员，本书也是一本不错的参考书。

本书封面贴有清华大学出版社防伪标签，无标签者不得销售。

版权所有，侵权必究。举报：010-62782989，beiqinquan@tup.tsinghua.edu.cn。

图书在版编目(CIP)数据

金蝶K/3 ERP会计信息系统实验教程 / 傅仕伟 等著. —北京：清华大学出版社，2015（2021.11重印）
（金蝶ERP实验课程指定教材）
ISBN 978-7-302-38354-3

Ⅰ.①金… Ⅱ.①傅… Ⅲ.①财务软件—教材 Ⅳ.①F232

中国版本图书馆CIP数据核字(2014)第243377号

责任编辑：崔　伟　高晓晴
封面设计：周晓亮
版式设计：牛静敏
责任校对：邱晓玉
责任印制：曹婉颖

出版发行：清华大学出版社
网　　址：http://www.tup.com.cn，http://www.wqbook.com
地　　址：北京清华大学学研大厦A座　邮　编：100084
社 总 机：010-62770175　　　　　　　邮　购：010-62786544
投稿与读者服务：010-62776969，c-service@tup.tsinghua.edu.cn
质 量 反 馈：010-62772015，zhiliang@tup.tsinghua.edu.cn
课 件 下 载：http://www.tup.com.cn，010-62796865

印 装 者：三河市君旺印务有限公司
经　　销：全国新华书店
开　　本：185mm×260mm　　印　张：16　　字　数：370千字
　　　　　（附光盘1张）
版　　次：2015年3月第1版　　印　次：2021年11月第11次印刷
定　　价：58.00元

产品编号：060678-03

前　言

在中国，可以说信息技术最早是和企业的会计管理业务结合的。而且在信息技术融入会计管理之后，国内所诞生的会计信息化软件非常多，在二十多年的时间里促进了会计管理领域的快速发展。

金蝶作为国内知名的企业管理软件厂商，最早也是从财务软件起家的，其软件在企业的会计信息化方面应用非常广泛。为此，本书以金蝶最新发布的 K/3 WISE V13.1 版为蓝本，详细介绍了会计信息系统的主要功能和业务操作。

金蝶 K/3 WISE V13.1 可以说具有跨时代的意义，其中凝聚了一百多万家客户的成功实践，旨在为企业管理者打造最佳的信息化平台。为企业提供包括财务管理、供应链管理、生产制造管理、供应商关系管理(SRM)、客户关系管理(CRM)、分销管理、人力资源管理(HR)、协同办公(OA)、企业绩效、商业智能分析等全面的应用系统，有效整合企业内外部资源，实现企业价值最大化，推动中国企业走向卓越管理之路。

在编写本书时，我们摒弃了以往很多书籍纯模块功能的介绍模式，而是采用贴近企业实际业务流程处理的方式进行。为此，本书设计了一个企业的案例来贯穿全书，每个章节都围绕该企业具体的管理和业务流程，同时提供完整的业务数据来详细介绍会计信息系统所涉及的功能和具体操作。这种业务流程化的编写模式有利于读者对会计信息系统的功能有更深刻地认识，并对企业的实际业务理解更透彻，让学员达到不仅"知其然"，更"知其所以然"，能将所学的知识立刻应用于企业的实际业务处理。

本书共分为 10 章，详细介绍了总账、应收应付、供应链、工资、固定资产、现金管理、报表等系统功能。同时，本书最后一章还提供了练习案例，可以让学生在学完本书后，进行实际操作演练。

本书提供了完整的教学服务包，其中的内容包括：

(1) 金蝶 ERP K/3 V13.1 安装盘(见随书附赠光盘)。
(2) 金蝶 ERP K/3 V13.1 资源盘[①](安装时必备)。
(3) 每个章节的账套数据，便于学生练习。
(4) 教学课件(PPT 格式)，便于教师授课。
(5) 考试题库，便于教师在完成本书的教学后，利用题库进行关键知识点的考查。

---

① 因光盘容量有限，金蝶 ERP K/3 V13.1 资源盘、账套、课件、题库文件请通过 http://pan.baidu.com/s/1mgp8dPA(此网址中英文字母大小写需区分)链接下载。

关于每个章节账套数据的使用，在此特别说明一下：教师可以在讲完一个章节后，就恢复上一章节末的备份账套，让学生开始练习。这种方式有利于分章节独立教学，但又保证会计信息系统业务处理的连贯性。

相比于同种类型的教材，本书具有以下特色：

(1) **更侧重于从企业的实际业务流程角度出发，深入浅出地介绍管理信息系统的应用**。在多年的信息化实践过程中，作者体会到从信息系统使用者的角度来介绍业务流程和业务操作会更便于被理解和接受。为此，在本书的编写过程中，突出了对企业实际业务的介绍，并结合这些实际业务来阐述信息系统是如何操作和管理的。

(2) **有利于自我学习**。本书每个章节的实验操作讲解都非常详细，读者完全可以按照实验操作进行自学，而且能快速上手。

(3) **方便分学时的实验教学**。本书每个章节都配有账套，便于教师在教完一个章节后，就恢复账套，让学生进行练习，因此对于分学时的教学非常方便。

(4) **强调实战应用**。本书的授课时长可由讲师自行掌握，但应把握一个重点：实验教程更多以练习为主，让学生在练习的过程中更加深刻地体会企业的实际业务，以及信息系统如何处理企业的业务。

本书结合了作者所在企业多年的信息化实践经验，非常适合高等院校的财务会计、企业管理、软件技术、物流管理等相关专业作为教学用书，对于学生了解企业的管理与实际业务，以及如何与信息系统结合非常有帮助。当然，对于企业信息化主管及业务人员也是一本不错的参考书。

本书在编写的过程中，参考了作者所在公司的一些工作成果，也借鉴了一些企业管理和信息化建设的相关资料和文献。因人员较多，在此不一一表述。因为有了他们的辛勤劳动，才会凝结成本书的最终成果。在此，谨对他们表示衷心的感谢！

目 录

第 1 章　系统简介 1
　1.1　产品体系结构 1
　1.2　整体应用流程图 3

第 2 章　实验背景介绍 5

第 3 章　系统管理 7
　3.1　系统概述 7
　3.2　实验练习 7
　　【实验一】　K/3 产品安装 7
　　【实验二】　新建账套 20
　　【实验三】　账套维护 24
　　【实验四】　用户管理 27

第 4 章　总账管理 33
　4.1　系统概述 33
　　4.1.1　总账系统基本业务流程 33
　　4.1.2　重点功能概述 34
　　4.1.3　与其他系统的关系 34
　4.2　实验练习 34
　　【实验一】　系统初始化 34
　　【实验二】　日常凭证处理 48
　　【实验三】　摊提凭证处理 51
　　【实验四】　期末调汇 53
　　【实验五】　结转损益 54
　　【实验六】　期末结账 55

第 5 章　供应链及应收应付系统 57
　5.1　初始化 57

  5.1.1 初始化概述 ... 57
  5.1.2 初始化实验练习 ... 58
  【实验一】 应收应付系统初始化 ... 58
  【实验二】 供应链初始化 ... 65
5.2 采购管理 ... 77
  5.2.1 系统概述 ... 77
  5.2.2 采购管理实验练习 ... 79
  【实验一】 供应商管理 ... 79
  【实验二】 业务流程定义 ... 83
  【实验三】 请购申请 ... 84
  【实验四】 采购订货 ... 86
  【实验五】 仓库收货 ... 89
  【实验六】 财务记账 ... 90
  【实验七】 采购退货 ... 93
  【实验八】 分次收货采购 ... 95
  【实验九】 受托代销 ... 97
  【实验十】 代管物资 ... 98
5.3 销售管理 ... 98
  5.3.1 系统概述 ... 98
  5.3.2 销售管理实验练习 ... 101
  【实验一】 销售价格管理 ... 101
  【实验二】 信用管理 ... 104
  【实验三】 销售业务流程定义 ... 106
  【实验四】 签订销售订单 ... 107
  【实验五】 仓库发货 ... 108
  【实验六】 财务记账 ... 110
  【实验七】 销售退货 ... 112
  【实验八】 直运销售 ... 114
  【实验九】 委托代销 ... 115
  【实验十】 分期收款销售 ... 116
5.4 应收应付管理 ... 118
  5.4.1 系统概述 ... 118
  5.4.2 应收应付管理实验练习 ... 121
  【实验一】 登记应收款 ... 121
  【实验二】 出纳收到货款 ... 123

【实验三】 出纳收到应收票据 ··· 125
　　　【实验四】 往来账款核销 ··· 127
　　　【实验五】 坏账处理 ··· 128
　　　【实验六】 凭证制作 ··· 130
　　　【实验七】 期末处理 ··· 133
　5.5 仓存管理 ·· 135
　　5.5.1 系统概述 ·· 135
　　5.5.2 仓存管理实验练习 ··· 137
　　　【实验一】 生产领料 ··· 137
　　　【实验二】 产品入库 ··· 139
　　　【实验三】 仓库调拨 ··· 141
　　　【实验四】 盘点处理 ··· 142
　5.6 核算管理 ·· 145
　　5.6.1 系统概述 ·· 145
　　5.6.2 核算管理实验练习 ··· 147
　　　【实验一】 入库核算 ··· 147
　　　【实验二】 出库核算 ··· 149
　　　【实验三】 凭证处理 ··· 151
　　　【实验四】 存货跌价准备 ·· 155
　　　【实验五】 期末处理 ··· 157

第 6 章 工资 ·· 159
　6.1 系统概述 ·· 159
　　6.1.1 日常业务处理流程 ··· 159
　　6.1.2 重点功能概述 ··· 160
　　6.1.3 与其他系统的关系 ··· 161
　6.2 实验练习 ·· 162
　　　【实验一】 初始化设置 ··· 162
　　　【实验二】 日常工资业务处理 ·· 168

第 7 章 固定资产管理 ·· 177
　7.1 系统概述 ·· 177
　　7.1.1 日常业务处理流程 ··· 177
　　7.1.2 重点功能概述 ··· 178
　　7.1.3 与其他系统的关系 ··· 179
　7.2 实验练习 ·· 180

　　　　　【实验一】 初始化设置 ··· 180
　　　　　【实验二】 日常固定资产业务处理 ·· 187

第 8 章 现金管理 ·· 203
8.1 系统概述 ·· 203
　　8.1.1 现金管理基本业务处理流程 ·· 203
　　8.1.2 重点功能概述 ··· 204
　　8.1.3 与其他系统的关系 ··· 205
8.2 实验练习 ·· 206
　　　　　【实验一】 初始化设置 ··· 206
　　　　　【实验二】 现金日常业务处理 ··· 212
　　　　　【实验三】 银行存款日常业务处理 ··· 214
　　　　　【实验四】 票据管理 ·· 218
　　　　　【实验五】 期末处理 ·· 221

第 9 章 报表 ··· 223
9.1 系统概述 ·· 223
　　9.1.1 报表系统基本业务处理流程 ·· 223
　　9.1.2 重点功能概述 ··· 223
　　9.1.3 与其他系统的关系 ··· 224
9.2 实验练习 ·· 224
　　　　　【实验一】 利润表 ·· 224
　　　　　【实验二】 资产负债表 ··· 227
　　　　　【实验三】 现金流量表 ··· 231

第 10 章 模拟练习案例 ·· 237
10.1 案例背景 ·· 237
10.2 初始化 ·· 237
　　10.2.1 建账 ·· 237
　　10.2.2 设置系统参数 ··· 238
　　10.2.3 设置基础资料 ··· 238
　　10.2.4 初始化数据 ··· 239
　　10.2.5 结束初始化 ··· 241
10.3 日常业务处理 ··· 242
　　10.3.1 采购管理 ·· 242
　　10.3.2 销售管理 ·· 242

  10.3.3 仓存管理 242
  10.3.4 核算管理 242
  10.3.5 应收管理 242
  10.3.6 应付管理 243
  10.3.7 资产管理 243
  10.3.8 工资管理 243
  10.3.9 总账管理 244
  10.3.10 现金管理 244
  10.3.11 报表管理 245
10.4 期末处理 245

第 1 章 系统简介

会计信息系统，是一门融计算机科学、管理科学、信息科学和会计学为一体的综合学科。学生对会计信息系统(会计电算化)基本理论的学习，可以为以后工作中的实际应用打下坚实的基础。随着企业市场竞争的日益激烈，越来越多的公司要求学生一上岗就能熟练操作信息化软件，光有理论的学习已远远不能满足企业的需要。本书以企业的实际运作为蓝本，结合学校实验操作的要求，让学生通过上机实验模拟企业的真实环境进行相关技能的演练和培训。

考虑到目前企业运用信息软件的情况，本书选择了国内知名的软件公司——金蝶国际软件集团有限公司的 K/3 系统作为学习范本。

与国外软件相比，K/3 系统更适合中国企业，符合中国国情，其优异性通过几十万家客户的应用已得到了验证。

K/3 系统是中国软件领域第一个基于 DNA 三层结构的 ERP 系统，希望通过接下来的实验练习，让我们对金蝶 K/3 系统软件有所了解。

1.1 产品体系结构

金蝶产品根据企业应用规模的大小划分为三个系列，它们分别是适用于小型企业的 KIS、适用于中小型企业的 K/3 以及适用于大中型企业的 EAS。此外，金蝶还有第一个基于服务导向架构(SOA)的商业操作系统——金蝶 BOS。

下面以金蝶公司的主流产品 K/3 为蓝本，介绍金蝶软件的应用。

金蝶 K/3 ERP 系统是完全基于 Windows DNA(Windows Distributed interNet Application)技术架构的分布式应用系统。金蝶公司于 1997 年开始研究三层结构技术，1998 年应用于 K/3 系列产品的研发，1999 年 5 月推出业界第一个真正三层结构的 ERP 产品。经过十几年的潜心研究和大量的客户验证，三层结构技术在金蝶 K/3 系统中的应用已经非常成熟、稳定，成为金蝶软件提供给中小企业用户的性价比最高的企业 ERP 系统。

金蝶 K/3 ERP 系统的主要功能涵盖了企业经营管理的各个方面，其子系统主要有：
- 总账管理子系统。

- 报表管理子系统。
- 现金流量表子系统。
- 现金管理子系统。
- 工资管理子系统。
- 固定资产管理子系统。
- 资产管理子系统。
- 费用管理子系统。
- 网上报销子系统。
- 网上银行子系统。
- 应收款管理子系统。
- 应付款管理子系统。
- 预算管理子系统。
- 业务预算管理子系统。
- 费用预算管理子系统。
- 资金预算子系统。
- 合并报表管理子系统。
- 合并账务管理子系统。
- 结算中心管理子系统。
- E-网上结算子系统。
- 企业绩效子系统。
- 内控管理子系统。
- 成本管理子系统。
- 采购管理子系统。
- 进口管理子系统。
- 销售管理子系统。
- 出口管理子系统。
- 仓存管理子系统。
- 存货管理子系统。
- 质量管理子系统。
- 分销管理子系统。
- 门店管理子系统。
- 零售前台子系统。
- 电子商务子系统。
- 主生产计划管理子系统。

- PLM 管理子系统。
- 物料需求管理子系统。
- 生产任务管理子系统。
- 车间管理子系统。
- 委外加工管理子系统。
- 设备管理子系统。
- 粗能力管理子系统。
- 细能力管理子系统。
- HR 管理子系统。
- OA 子系统。
- CRM 子系统。
- 供应商管理子系统。
- 供应商门户子系统。
- 经销商门户。

……

1.2 整体应用流程图

金蝶 K/3 ERP 各个系统无缝集成,基础资料数据完全共享,是真正意义上的财务、业务、生产一体化管理,实现了各种信息一次录入永久可用、一人录入多人共享的高效集成与管理。

K/3 ERP 各主要子系统间的数据流程,如图 1-1 所示。

图 1-1　K/3 ERP 整体应用流程

K/3 ERP 管理信息系统涵盖了企业管理的方方面面，本书我们以 K/3 V13.1 为蓝本，介绍 K/3 系统财务、供应链两大模块的相关内容。

第 2 章 实验背景介绍

下面模拟一家高科技企业——诚信电子公司的 ERP 系统上线实施的全过程。

诚信电子公司是一家集研发、生产、销售电子产品为一体的高科技企业，生产的产品主要有：数码相机、MP3、优盘、移动硬盘等。公司刚成立不久，财务部门采用市场上通用的一套财务软件，其他部门都暂时没有应用信息系统。随着业务的不断扩大，企业迫切希望整合各个部门的信息资源，以进行实时监控。在经过多方的考察、评估之后，诚信电子公司于 2014 年末购买了金蝶 K/3 财务及供应链系统，并准备于次年 2 月正式启用。如果财务及供应链系统实施成功，后续还要启用费用管理、网上报销、HR 等系统。

按照软件供应商的要求，上线前要先行整理企业的一些资料，如组织架构、部门、人员等。该企业的组织架构如图 2-1 所示。

图 2-1　企业组织架构

各部门的主要职责如表 2-1 所示。

表 2-1　企业各部门的主要职责

部　门	职　责	拟使用的软件系统及功能
行政人事部	• 采购发放办公用品、文具、福利品 • 制定员工工作手册,员工招聘、培训、绩效考核、管理等 • 制定薪资管理制度,计算员工的工资、奖金等 • 负责公司资产的综合管理	• 总账系统——查询相关资产及管理费用明细 • 工资系统——工资奖金的计算、发放 • 固定资产系统——固定资产的登记、计提折旧、报废等 • 资产购置系统——资产的采购、入库等
财务部	• 日常凭证、账簿的编制、登记及管理 • 采购、销售各环节业务成本的核算与管理 • 出纳业务管理 • 为管理人员提供各种财务分析数据和报表	• 总账系统——凭证制作、账簿输出 • 报表系统——报表制作与输出 • 采购系统——采购发票管理及采购成本分析 • 销售系统——销售发票管理及销售损益分析 • 存货核算系统——根据选择的存货计价方法计算采购原材料的采购成本,并计算销售产品的销售成本 • 应收款、应付款系统——往来账款的管理,信用额度的管理 • 现金管理系统——现金、银行存款的日记账管理、各种票据管理,以及与银行对账等
技术部	研究新产品,抽查采购的原材料及生产的产成品是否满足质量要求	质量系统——原材料及产成品的检验
采购部	制定采购计划,采购原材料,供应商管理	采购系统——采购业务跟踪管理
仓库	检验原材料、产成品等,存货管理	仓存系统——原材料及产品的出入库管理等
生产一车间	负责优盘、移动存储器、MP3 的生产	仓存系统——原材料申请、领用及产品的入库
生产二车间	负责数码相机的生产	仓存系统——原材料申请、领用及产品的入库
销售部	负责产品的海内外市场销售政策的制定、业务的统计分析等	销售系统——销售订单、销售出货、货款催收等
退休办	负责退休人员的管理	无

企业的其他资料将在后述的操作中逐一介绍。

第 3 章 系统管理

3.1 系统概述

ERP 软件的使用不但涉及的部门、人员众多，而且对信息资源的共享要求度较高，因此需要有标准统一的基础资料。同时，信息的共享又对权限的控制提出了要求，信息的集中也要求确保数据的安全可靠。上述这些业务都要在系统管理中得到处理。

3.2 实验练习

实验一 K/3 产品安装

在使用 K/3 系统之前，必须先行安装好金蝶 K/3 系统。

↗ **应用场景**

公司购买了金蝶软件 K/3 供应链系统和 K/3 财务系统，并准备于 2015 年 2 月正式使用，信息部主管收到软件供应商提供的软件安装包后，开始准备安装系统。

↗ **实验步骤**
- 硬件配置。
- 配套软件安装。
- 金蝶应用软件安装。
- 应用部署。

↗ **操作部门及人员**

软件的安装一般由软件供应商或公司信息系统部门的人员负责，有时也可以由财务人员负责兼做。在诚信电子公司，ERP 软件的安装等工作由财务部张婷兼管。

▸ **实验前准备**

- 当企业购买了软件后,就要开始进行安装工作。与普通应用软件不同的是,ERP软件的安装相对复杂,需要考虑的因素更多。根据使用人数的多少、数据量的大小等,ERP软件的安装布局也有不同的解决方案。在安装金蝶软件前,需要统计企业的业务流量、数据大小、用户数等,据以分析计算机及网络等的配置标准。
- 一般情况下,中型应用企业客户需要准备两台部门级服务器及若干台计算机(根据用户数确定计算机数量)。

▸ **实验数据**

根据公司未来的发展前景,预计系统的使用人数可能为 30 人,每天处理的单据或凭证记录为 200 条左右,系统的使用都在同一局域网内。

▸ **操作指导**

K/3 系统是一个三层结构的应用,系统安装也可以分为多个部分来进行,包括客户端、中间层、Web 服务部件、数据库端等。

客户端指的是基于 Windows 的 GUI 桌面应用程序,需要安装在业务系统使用人员的计算机上。

中间层包括所有业务系统的业务逻辑组件,这些组件会被客户端所调用,是 K/3 系统的核心部分,对硬件环境的配置要求较高。

Web 服务部件基于 IIS 提供 K/3 人力资源、SRM、CRM、网上报销等 Web 服务。

数据库端主要安装数据库产品和 K/3 系统的数据库端组件。对目前的 K/3 系统而言,要安装的数据库是 SQL Server,所有的业务数据都是存储在这里的。

不同部分可能需要安装在不同的机器上,它们对系统的配置要求也不尽相同,中间层和数据库还可以根据需要进行分布部署。高端应用可通过群集技术提供高可靠、高性能、容错等高级特性。下面我们来具体描述其配置策略。

1. 硬件配置

进行硬件配置时,要考虑三方面的因素:
- 数据量。
- 并发客户端的数量。
- 安全问题。

衡量数据量的指标有:①账套数据文件的大小;②基础资料——物流中的物料或商品,财务中的科目和核算项目;③业务数据——财务中的凭证,物流中的仓库单据。

一般的经验数据是:数据库服务器的内存要大于账套数据文件的大小,如数据文件为 2.5GB,内存配置要 3GB。

并发客户端的数量是指同时在线使用的人数、主要影响服务器 CPU 的个数。经验性的数据如下：中间层服务器每 20 个客户端一个 CPU，数据库服务器每 10 个客户端一个 CPU，一个超线程 CPU 可以带 15 个客户端，但是 1+1>2，即两个 1GHz CPU 的负荷远远大于一个 2GHz CPU。

此外，考虑到安全需要，一般建议客户端、中间层和数据库服务器分开在不同的机器上安装，特别是客户端和数据库服务器最好隔离在不同的子网内。

(1) 数据库服务器配置

数据库服务器作为账套数据的存储平台，无论从性能还是可靠性方面都提出了很高的要求。其配置的基本要求如表 3-1 所示。

表 3-1　数据库服务器配置

项　目	配　置
处理器	Intel Xeon 2.4GHz 及以上，建议配置四核以上的 CPU
内　存	4GB 以上
存　储	SAS 企业级存储，数据盘推荐设置为 RAID 5/10/50
网　络	1.0 Gbps 到中间层服务器
其　他	磁带机等备份设备

(2) 中间层服务器配置

中间层的任务是运行 K/3 系统的业务组件，一个中间层服务器往往要为多个客户端(包括 Web)提供服务，因此对中间层机器的配置要求一般较高。其配置的基本要求如表 3-2 所示。

表 3-2　中间层服务器配置

项　目	配　置
处理器	Intel Xeon 2.4GHz 及以上，建议配置四核以上 CPU
内　存	4GB 以上
存　储	SATA/SAS，推荐设置为 RAID 1/5
网　络	100 Mbps 到客户端，1.0 Gbps 到数据库和 Web 服务器

(3) 客户端配置

客户端配置如表 3-3 所示。

表 3-3 客户端配置

项　　目	配　　置
处理器	P4 双核 2.0GHz 以上
内　存	最少 1.0GB，建议 2.0GB 以上
存　储	10GB 空闲空间
显　示	14"或更高
网　络	100MB/s

(4) 网络配置

网络的选型可能会对 K/3 系统的性能产生较大的影响。下面分别介绍局域网和广域网的应用。

在局域网的应用环境下，网络带宽一般不会成为性能瓶颈，在进行网络设计和部署时应遵循如表 3-4 所示的一些原则。

表 3-4 局域网网络配置

项　　目	配　　置
局域网	• 数据库/中间层布置在同一子网，网络带宽≥100MB/s • 出于安全考虑，客户端在另一子网，并只能连接中间层，客户端与中间层之间的网络带宽≥10MB/s

而广域网的应用比局域网复杂得多，因为整个系统往往需要跨越多个子网，网络带宽的不足往往成为系统性能的瓶颈。在广域网下的应用应遵循如表 3-5 所示的一些原则。

表 3-5 广域网网络配置

项　　目	配　　置
广域网	• 中间层、数据库应尽可能部署在同一个子网里，同时保证高速的连接带宽 • 使用 Citrix 等终端模式以提高广域网 GUI 应用的性能，减小网络流量 • 使用 VPN 技术提高广域网 GUI 应用连接的安全性，并提供较理想的跨越防火墙的部署方案

注意

在网络应用中，各计算机之间必须通过 TCP/IP 协议进行通信，每台机器必须加入某个域，这些域之间的通信必须保证畅通。由于安全性的问题，防火墙只允许通过 Internet 信息数据交换使用特定端口(如 Web 用 80)，而 DCOM 创建对象时使用的是 1024~65535 之间的动态 TCP 端口，并且由于防火墙的 IP 伪装特性，使 DCOM 在有防火墙的服务器上不能进行正常连接。要解决此问题，可通过统一的 RPC 管理(远程过程调用，由 RPC 统一进行创建 DCOM 对象所需的端口的映射处理)，所以需在防火墙服务器上打开 RPC 端口 135。

2. 配套软件安装

- 服务器端，SQL Server 2005 Standard/Enterprise SP3、SQL Server 2008 Standard/Enterprise 或者 Windows Server 2012 DataCenter/Standard 等。安装时系统管理员 sa 的口令设置为"sa123"。
- 中间层，Windows 2000 Server 或以上版本(需再打 SP4 补丁)、Windows Server 2003 Standard/Enterprise/DataCenter SP1/SP2、Windows Server 2008 Standard/Enterprise/DataCenter 或者 Window Server2012 DataCenter/Standard 等。
- 客户端，Windows XP Professional SP2/SP3、Windows 7 Home Basic/Home Premium/Professional/Ultimate、Windows Vista Ultimate/Enterprise/Business SP1 或者 Windows 8 Core/ Professional/Enterprise 等。

除此之外，还需要 Microsoft DCOM98 等组件。由于需要的配套软件比较多，本书提供资源盘下载链接来帮助用户自动检测当前机器的环境是否都符合安装金蝶 K/3 所需的条件。

3. 金蝶应用软件安装

机器设备及安装环境准备好后，接下来开始安装金蝶软件。以下的所有安装都以本机系统管理员的身份登录，关闭其他应用程序，特别是防病毒软件。

 注意

① 按下面的步骤进行安装前，一定要保证已经安装了 IIS，然后进行环境检测，检测通过后才可以进行 K/3 安装。

② 如果计算机上以前安装了其他版本的金蝶软件，建议完全卸载成功后再进行安装。

③ 如果安装过程中碰到一些更深层次的问题，可以参考安装盘中的帮助手册。这里不作进一步介绍。

用户在新环境上安装 K/3 时，请按如下顺序进行。

登录百度云盘 http://pan.baidu.com/s/1mgp8dPA(请注意此网址中英文字母大小写需区分)下载资源盘文件，并解压缩至本地磁盘。然后双击【K3_Wise_v13.1.0_资源盘】文件夹中的 Setup.exe 图标，打开如图 3-1 所示的窗口。单击【环境检测】按钮，先对环境进行检测。符合安装条件才可进行 K/3 安装。

图 3-1　环境检测

K/3 有两种部署方式：一种是可将所有的服务组件、客户端安装在一台计算机上，主要用于学习；另一种是采用网络部署方式，客户端和服务组件安装在不同的计算机上。

(1) 单机安装所有服务组件和客户端的操作步骤

如果想在一台计算机上将客户端、数据库服务、中间层服务都安装好，建议在进行如图 3-1 所示的环境检测时，选中所有的部件进行检测，然后根据系统提示将相关的组件安装好。

注意

系统有可能提示 Windows XP、Windows 7 等非服务器端的操作系统不能安装数据库服务、中间层服务。可以忽略此提示,作为练习可以在这些操作系统上安装服务组件。

① 环境检测通过后,打开本书附配光盘中的【K/3 安装盘】文件夹,双击 Setup.exe 图标,首先出现 K/3 的安装程序界面,如图 3-2 所示。单击【安装金蝶 K/3】按钮,按照系统提示进行安装。

图 3-2　K/3 安装程序界面

② 单击【下一步】按钮,进入许可协议页面,如图 3-3 所示。

图 3-3　许可协议页面

③ 单击【是】按钮进入客户信息页面，输入用户和公司名称，如图3-4所示。

图 3-4　客户信息页面

④ 单击【下一步】按钮，选择要安装的部件。如果是在单机上安装所有的部件，建议选择【全部安装】。如果仅安装数据库部件，建议选择【数据库服务部件】。如图3-5所示。

图 3-5　选择安装部件

⑤ 单击【下一步】按钮，系统开始安装，如图3-6所示。

图 3-6 开始安装

⑥ 在以上系统安装完成之后,将开始进行中间层组件安装,如图 3-7 所示。单击【安装】按钮。

图 3-7 安装中间层组件

⑦ 安装完成之后,系统将自动运行"注册中间层组件"功能。注册完中间层组件后,将安装 Web 服务组件,并自动运行"注册 Web 服务组件"功能。

⑧ Web 服务组件注册完毕,将配置 Web 服务器站点,如图 3-8 所示。

图 3-8　配置 Web 服务器站点

⑨ 配置完毕，系统会提示配置的结果。注意查看各个站点是否配置成功。如图 3-9 所示。

图 3-9　配置 Web 服务器站点的结果

配置完成之后，整个 K/3 的安装就完成了。

以下为网络应用的部署方式，将分数据库服务器、中间层服务器、Web 服务器、客户端等安装在不同计算机上的方式进行部署。

(2) 数据库服务器安装操作步骤

数据库服务部件仅在数据库服务器与中间层服务器连接时，在中间层账套管理程序中进行新建、备份、恢复这三种账套操作时起作用。如果不需要在中间层服务器做上述操作，例如账套备份恢复直接通过 SQL Server 或者第三方备份软件进行，可以不必在数据库服务器上安装 K/3 数据库服务部件。

① 打开计算机电源，启动操作系统。

② 通过 http://pan.baidu.com/s/1mgp8dPA 链接下载资源盘资料，解压到本地磁盘。

③ 双击【K3_Wise_v13.1.0_资源盘】文件夹中的 Setup.exe 图标，进入【金蝶 K/3 安装程序】窗口。单击【环境检测】，如图 3-10 所示，选择【数据库服务部件】，先检查是否已经安装了相关的配套软件，如果没有，系统会给出提示，然后根据提示将相关的组件安装好。

图 3-10　环境检测

④ 环境检测通过后，打开本书附配光盘中的【K/3 安装盘】文件夹，双击 Setup.exe 图标进行安装。在图 3-11 所示的窗口中，仅选择【数据库服务部件】，按照系统提示逐步操作即可。

图 3-11　服务器部件安装

(3) 中间层安装操作步骤

① 打开计算机电源，启动操作系统。

② 通过 http://pan.baidu.com/s/1mgp8dPA 链接下载资源盘资料，解压到本地磁盘。

③ 双击【K3_Wise_v13.1.0_资源盘】文件夹中的 Setup.exe 图标，进入【金蝶 K/3 安装程序】窗口。同样，先进行环境检测，选择【中间层服务部件】，先检查是否已经

安装了相关的配套软件，如果没有，系统会给出提示，然后根据提示将相关的组件安装好。

④ 环境检测通过后，打开本书附配光盘中的【K/3 安装盘】文件夹，双击 Setup.exe 图标，根据系统提示安装中间层服务部件。

⑤ 安装完成后，会自动运行"注册中间层组件"。中间层组件注册完毕后，即可运行【程序】－【金蝶 K3 WISE】－【金蝶 K3 服务器配置工具】－【账套管理】，新建或恢复、注册账套。1mgp8dPA

① 为了保证安装成功，中间层服务部件我们只选择会使用到的一些系统，如财务核算系统、供应链管理系统、基础管理系统、财务管理系统等(不选择人力资源系统，这部分比较复杂，不在本书作介绍)。

② 安装完成后，系统会自动运行"注册中间层组件"功能(如需安装后重新注册中间层组件，可以手动运行【程序】－【金蝶 K3 WISE】－【金蝶 K3 服务器配置工具】－【中间层组件注册】)。

③ K/3 中间层服务器使用标准的 TCP 协议与数据库服务器、Web 服务器、客户端通讯。

(4) Web 服务器安装操作步骤

① 打开计算机电源，启动操作系统。

② 通过 http://pan.baidu.com/s/1mgp8dPA 链接下载资源盘资料，解压到本地磁盘。

③ 双击【K3_Wise_v13.1.0_资源盘】文件夹中的 Setup.exe 图标，进入【金蝶 K/3 安装程序】窗口。同样，先进行环境检测，选择【Web 服务部件】，先检查是否已经安装了相关的配套软件，如果没有，系统会给出提示，然后根据提示将相关的组件安装好。

④ 环境检测通过后，打开本书附配光盘中的【K/3 安装盘】目录，双击 Setup.exe 图标，根据系统提示安装 Web 服务部件。

(5) 客户端安装操作步骤

① 打开计算机电源，启动操作系统。

② 通过 http://pan.baidu.com/s/1mgp8dPA 链接下载资源盘资料，解压到本地磁盘。

③ 双击【K3_Wise_v13.1.0_资源盘】文件夹中的 Setup.exe 图标，进入【金蝶 K/3 安装程序】窗口。同样，先进行环境检测，选择【客户端部件】，先检查是否已经安装了相关的配套软件，如果没有，系统会给出提示，然后根据提示将相关的组件安装好。

④ 环境检测通过后，打开本书附配光盘中的【K/3 安装盘】目录，双击 Setup.exe 图标，根据系统提示安装客户端部件。

如果需要使用 K/3 HR/CRM/SRM/网上报销等系统，还必须进行 Web 服务器端的安装,这里不作详细介绍。远程使用也可以通过采用远程终端的方式实现。

⑤ 客户端安装完毕后,请先运行【程序】—【金蝶 K3 WISE】—【金蝶 K3 工具】—【远程组件配置工具】,指定中间层服务器,完成远程组件的注册和配置,客户端才能正常使用。

注意

K/3 软件的加密方式有软加密和硬加密两种。软加密和硬盘绑定,如果采用硬加密方式,则将加密狗插在中间层服务器的并口上。

4. 应用部署

金蝶 K/3 系统从应用上讲分为单机和网络两种模式,在企业的实际应用中,一般都是采用网络模式。

实验时,先模拟单机应用模式,如图 3-12 所示,将三层都安装在一台机器上,安装完毕,进入账套管理,新建账套,以检测是否都安装正确。

接下来,再分组实验,模拟网络应用模式。如图 3-13 所示,为根据诚信公司实际情况给出的网络布局图。

图 3-12 单机应用模式　　　　　　图 3-13 网络应用模式

按照上述给出的网络布局图来进行模拟企业的实际网络配置。每个小组一般 8 人左右，分别是 A1，A2，B1，B2，C1，C2，C3，D。

- A1、A2 负责数据端的配置，各自配置一台。
- B1、B2 负责中间层的配置，中间层服务器采用双网卡，其中一块和数据库在同一子网内，另一块和客户端在同一子网内，各自配置一台。加密狗插在 B1 配置的中间层上，负责承担财务人员的使用，B2 配置的中间层服务器负责承担业务人员的使用。
- C1 负责财务客户端的安装，并利用远程组件配置工具注册 B1 配置的中间层。
- C2 负责业务客户端的安装，并利用远程组件配置工具将客户端上除"系统服务"模块外的其他模块指向 B2 配置的中间层，系统服务模块必须指向有加密狗的 B1 配置的中间层。
- C3 负责远程终端服务器的配置安装，同样也必须安装 K/3 客户端，远程终端服务器可以采用 Windows 2000 Server 自带的远程服务，也可以采用 CITRIX 的产品。
- D 负责远程终端客户端的安装。

实验二　新建账套

账套类似于手工方式下的凭证、账簿、报表等存储财务或业务数据的载体。要进行财务处理，必须先购置相应的凭证、账簿、报表等。同样，要使用 ERP 系统，也必须建立存储数据的账套。

↗ 应用场景
金蝶软件安装已经完成，即将准备使用 ERP 软件。

↗ 实验步骤
- 新建账套。
- 设置参数及启用。

↗ 操作部门及人员
账套的设立可以由公司信息系统部的人员或财务人员负责兼做。在诚信电子公司，新建账套及设置启用由财务部张婷兼管。

↗ 实验前准备
- 了解拟使用的系统，进而确定账套类型。
- 确认数据库服务器路径、拟采用的数据库类型、身份验证方式。

实验数据

公司于 2015 年 2 月正式使用 K/3 系统，账套选择"标准供应链解决方案"；账套号为"201502"；账套名称为"诚信电子公司"；拟采用 SQL Server 2005 数据库；采用 SQL Server 身份验证；用户名为"sa"；系统口令为"sa123"。

公司地址在深圳，电话号码是 88888888，于 2015 年 2 月启用。记账本位币为"人民币"；小数点位数为 2。凭证过账前必须审核，会计期间采用自然年度会计期间。

操作指导

1. 新建账套

(1) 选择中间层服务器，执行【开始】－【程序】－【金蝶 K/3 WISE】－【金蝶 K/3 服务器配置工具】－【账套管理】命令，打开【金蝶 K/3 系统登录】对话框。

(2) 输入用户名及密码，单击【确定】按钮，打开【金蝶 K/3 账套管理】对话框。用户名为 Admin，初次进入时，密码为空。

(3) 单击【新建】按钮，弹出【信息】窗口，浏览账套的分类后，单击【关闭】按钮，打开【新建账套】对话框。

注意

根据数据库结构表的不同，账套可以分为多种类型。不同的业务应用有不同类型的账套，可以选择使用的系统模块也不同，如"标准供应链解决方案"的账套类型，可以使用供应链系统、生产管理系统、人力资源系统、标准财务系统，而"标准财务解决方案"则不能使用供应链系统等，只能使用除合并报表、合并账务外的纯财务系统。

而有些行业由于行业属性非常明显且特殊，也有不同类型的账套，如房地产行业，一般开发过程较长，对项目开发过程的管理比较关注，包括项目测算、进度管理、招评标、合同等，所以如果要使用这些功能，则需要选择"房地产行业解决方案"。

大部分的机械、电子、五金等行业的企业，一般选择"标准供应链解决方案"即可。

(4) 输入账套信息。
- 账套号：必须输入，本例输入"201502"。
- 账套名称：必须输入，本例输入"诚信电子公司"。
- 账套类型：选择"标准供应链解决方案"。
- 数据库实体：由系统自动给出，为了方便管理，特别是存在多个账套时，可以修改为比较容易识别的内容，如"诚信电子公司2015"。

- 数据库文件路径：指数据库存放的物理位置。考虑到扩展应用的需要，最好放在空间足够大的硬盘上。
- 数据库日志文件路径：指数据库日志资料存放的物理位置。考虑扩展应用的需要，最好放在空间足够大的硬盘上。
- 系统账号：在该界面中，选择【SQL Server 身份验证】；并将系统用户名输入为"sa"，系统口令输入为"sa123"。
- 数据服务器：指安装了数据库端程序的计算机名称，也可以直接输入计算机的 IP 地址。
- 数据库类型：选择 SQL Server。
- 账套语言类型：简体中文。

具体请参照图 3-14 所示。

图 3-14 新建账套

(5) 单击【确定】，系统开始创建 K/3 数据库。

(6) 数据库创建完毕，在【金蝶 K/3 账套管理】对话框的【账套列表】中，可以找到新增的数据库记录。

2. 设置参数及启用

系统参数是决定企业一些核算方法、规章制度等的重要选项，不同的选择往往会有不同的操作过程，或带来不同的结果。如固定资产折旧有多种折旧方法可以选择，每项资产只能选择一种，此时就必须进行参数的设置。账套也有自己的参数。

(1) 在【金蝶 K/3 账套管理】对话框的【账套列表】中，选择要设置参数的数据库记录。

(2) 单击【设置】，打开【属性设置】对话框，如图 3-15 所示。

(3) 输入系统信息。

机构名称：本例输入"诚信电子公司"。

地址：可以不输入。本例输入"深圳"。

电话：可以不输入。本例输入"88888888"。

公司图标：可以不输入。本例为空。

> 机构名称、地址、电话、公司图标，主要用于以后打印单据、账簿等时自动显示公司的信息。

图 3-15　账套属性设置

(4) 输入总账信息。

记账本位币代码：默认为 RMB。如果采用外币核算，则可以修改，一旦启用后，在基础资料的【币别维护】窗口，可以看到系统自动新增了一条币别记录——代码：RMB；名称：人民币。

名称：本例为人民币。

小数点位数：2，指凭证、账簿等的小数位数。人民币的最小单位是分，所以小数点位数选择 2；对于日元来说，最小单位是元，小数点位数则选择 0。

凭证过账前必须审核：勾选。

启用标准成本体系：不勾选。由于本书只对 ERP 系统中的标准财务、供应链系统进行练习，不涉及成本系统，所以，此处不用勾选。

(5) 输入会计期间。

单击【更改】，打开【会计期间】对话框，如图3-16所示。按照提供的实验数据正确输入。启用会计年度：2015；启用会计期间：2；勾选【自然年度会计期间】，即一年12个期间，每个期间从1号开始。单击【确认】，返回【属性设置】对话框。

图3-16　会计期间

> 会计期间采用自然年度会计期间。中国会计制度要求采用自然会计年度，但有些国外公司，会计年度是从每年的7月1日到次年的6月30日，或者有的公司一个会计年度内有13个会计期间，可以根据要求进行修改。

上述参数一旦设置就不能再进行修改，除非重新新建账套。

(6) 单击【确认】，完成账套参数的设置，并确定启用账套。

实验三　账套维护

账套维护，即对企业的数据资料进行定期备份、优化等。

▶ 应用场景

为了确保数据的安全或为了在灾难发生时将损失减少到最低，需要定期将业务操作过程中发生的各种数据保存存档。一旦原有的账套毁坏，则可以通过账套恢复功能将以前的账套备份文件恢复成一个新账套进行使用。

与机器设备随着使用时间的加长需要定期维护保养相类似，数据资料也需要定期优化。如果一个账套使用的时间较长，由于其数据量日增，数据查询和使用的速度就会下降，则系统的整体性能就会下降。通过优化账套的功能，可以帮助用户减少这种性能下降的问题。

如果一个中间层需要使用多个数据库服务器上的账套，则可以通过注册账套功能连接网络内其他机器上的金蝶账套。

> **实验步骤**

- 账套备份与恢复。
- 账套优化。
- 账套注册。

> **操作部门及人员**

账套维护由公司信息系统部门的人员负责，也可以由财务人员兼做。在诚信电子公司，账套维护由财务部张婷兼管。

> **实验前准备**

根据企业业务的繁忙时间段确定备份等操作的时间，以及备份的机器及路径等。

> **实验数据**

自系统启用起，每天 22：00 开始自动备份账套，每隔 24 小时完全自动备份一次，每隔 4 小时增量备份一次，每个月优化账套一次。

> **操作指导**

1. 账套备份与恢复

（1）以 Admin 的身份注册进入账套管理。
（2）账套备份一般分为手工备份和自动批量备份。

手工备份时，选择需要备份的账套，执行【数据库】—【备份账套】命令，打开【账套备份】对话框，选择备份方式、备份路径，单击【确定】即可。

自动批量备份时，执行【数据库】—【账套批量自动备份】命令，打开【账套批量自动备份工具】对话框，如图 3-17 所示。选择需要自动备份的账套，备份开始时间从新建账套这天开始，如 2015-02-01，时间为 22:00:00，增量备份时间间隔为 4，完全备份时间间隔为 24，勾选【是否备份】及【是否立即执行完全备份】，备份路径和新建账套的路径一致。按实验数据设置完账套备份方案后，单击【保存方案】，方案名称为"诚信电子公司"，确定即可。

图 3-17　账套批量自动备份

(3) 如果要恢复账套，执行【数据库】-【恢复账套】命令，打开【选择数据库服务器】对话框，输入数据库服务器等信息，单击【确定】。在打开的【恢复账套】对话框中，从对话框左边的列表中选择需要恢复的备份文件，在右边输入账套号、账套名称及恢复后的数据库文件存放路径，单击【确定】即可。

2. 账套优化

如果一个账套使用时间较长，由于其数据量日增，数据查询和使用的速度就会下降，系统的整体性能就会下降。通过优化账套的功能，可以帮助减少这种性能下降的问题。优化账套的操作非常简单。

执行【数据库】-【优化账套】命令，在弹出的提示框中，选择【是】，系统即自动进行账套优化操作。

3. 账套注册

注册账套是将已经存在于其他数据库服务器上的金蝶账套，加入当前的账套管理环境中，以实现一个中间层对多个数据库服务器上多个账套的管理。

(1) 执行【数据库】-【账套注册】命令，打开【注册账套】对话框。

(2) 输入需要注册的账套信息。

(3) 单击【确定】即可。

实验四　用户管理

用户管理，即对用户使用某一个具体账套的权限进行控制，控制哪些用户可以登录到指定的账套中，对账套中的哪些子系统、哪些模块或者哪些单据甚至单据中的哪些项目有使用或者管理的权限等。

↗ 应用场景

为了防止企业的一些关键信息被无关的人员随意获取，需要对操作软件系统的每一个人员进行权限的分配。

↗ 实验步骤

- 新增用户组。
- 新增用户。
- 针对用户组授权。
- 针对用户授权。

↗ 操作部门及人员

用户管理一般由系统管理员组的人员负责。在诚信电子公司，账套维护由财务部张婷兼管。

↗ 实验前准备

先调查、统计每个系统使用人员的业务操作范围，并明确功能、业务等的操作权限。

↗ 实验数据

用户分组及功能权限如表 3-6 所示。

表 3-6　用户分组及功能权限

用户组名	说　明	功 能 权 限
Administrators	系统管理员组	所有权限
Cashiers	收银员组	基础资料、现金管理、应收账、应付账
总账组	非业务类凭证制作、个人往来账管理、会计报表制作等	基础资料、数据引入引出、总账、报表、财务分析、现金流量表
应收应付组	企业往来账管理、坏账计提、往来凭证制作	基础资料、总账、应收账、应付账、采购管理、销售管理、仓存管理、供应链系统公用设置
人事薪资组	工资核算	基础资料、工资
固定资产组	固定资产入账、计提折旧、报废等管理	基础资料、固定资产、资产购置、在建工程、低值易耗品
存货核算组	材料成本、生产成本、销售成本的核算	基础资料、存货核算、供应链系统公用设置

(续表)

用户组名	说　明	功　能　权　限
采购组	物料采购处理	基础资料、采购管理、供应链系统公用设置
销售组	商品销售处理	基础资料、销售管理、供应链系统公用设置
仓库组	各种出入库业务、库存盘点等业务的管理	基础资料、采购管理、仓存管理、销售管理、供应链系统公用设置
一车间组	一车间各种材料的申请、领用，生产产品及产品入库业务的处理	基础资料 高级授权中：供应链物流单据中的采购申请单、供应链单据——领料/发货中的生产领料单、供应链单据——验收入库中的产品入库单的所有权限
二车间组	二车间各种材料的申请、领用，生产产品及产品入库业务的处理	基础资料 高级授权中：供应链物流单据中的采购申请单、供应链单据——领料/发货中的生产领料单、供应链单据——验收入库中的产品入库单的所有权限
技术组	各种技术研究，材料、产品质量管理等业务的处理	基础资料、质量管理

操作人员的明细资料如表 3-7 所示。

表 3-7　操作人员明细资料

名　称	认 证 方 式	权 限 属 性	用 户 组
金　鑫	密码认证，传统认证方式，密码：123	可以进行业务操作 具有用户管理权限	Administrator
许　静	密码认证，传统认证方式，密码：123	可以进行业务操作 具有用户管理权限	Administrator
张　婷	密码认证，传统认证方式，密码：123	可以进行业务操作 具有用户管理权限	Administrator
胡美玲	密码认证，传统认证方式，密码：123	可以进行业务操作	总账组
孙晓红	密码认证，传统认证方式，密码：123	可以进行业务操作	总账组
李　梅	密码认证，传统认证方式，密码：123	可以进行业务操作	Cashiers
张爱萍	密码认证，传统认证方式，密码：123	可以进行业务操作	人事薪资组
葛　微	密码认证，传统认证方式，密码：123	可以进行业务操作	人事薪资组

(续表)

名　　称	认 证 方 式	权 限 属 性	用 　户　 组
刘丽佳	密码认证，传统认证方式，密码：123	可以进行业务操作	固定资产组
马秀伟	密码认证，传统认证方式，密码：123	可以进行业务操作	应收应付组
徐力军	密码认证，传统认证方式，密码：123	可以进行业务操作	技术组
李大勇	密码认证，传统认证方式，密码：123	可以进行业务操作	采购组
胡开林	密码认证，传统认证方式，密码：123	可以进行业务操作	采购组
张二柱	密码认证，传统认证方式，密码：123	可以进行业务操作	一车间组
胡　兵	密码认证，传统认证方式，密码：123	可以进行业务操作	一车间组
朱　铁	密码认证，传统认证方式，密码：123	可以进行业务操作	二车间组
赵　武	密码认证，传统认证方式，密码：123	可以进行业务操作	二车间组
王　池	密码认证，传统认证方式，密码：123	可以进行业务操作	销售组
李　强	密码认证，传统认证方式，密码：123	可以进行业务操作	销售组
赵　力	密码认证，传统认证方式，密码：123	可以进行业务操作	仓库组
曹　敏	密码认证，传统认证方式，密码：123	可以进行业务操作	仓库组

▰ 操作指导

1．新增用户组

进入中间层服务器的账套管理界面，选择【用户】按钮，进入【用户管理】窗口，如图3-18所示。单击【新建用户组】按钮，进入【用户组属性】窗口，按照提供的实验数据正确输入。

注意

　　用户组除了方便管理外，其主要作用就是方便对多个用户进行集中授权。只要对用户组进行一次授权，用户组下的所有用户就都可以继承用户组下的权限，而无须对每个用户进行逐一授权。

图 3-18 用户管理

2. 新增用户

单击【新建用户】按钮,进入【新增用户】窗口,如图 3-19 所示。设置用户姓名为"金鑫",认证方式为"密码认证",密码为"123",权限属性勾选前两项,用户组为"Administrators"。单击【确定】按钮保存,再按照提供的实验数据正确输入其他用户。

图 3-19 用户属性

注意

用户认证分为 NT 安全认证和密码认证两种，密码认证又可以选择传统认证、动态密码锁认证等方式。

3. 用户组授权

选定需要授权的用户组，单击【功能权限管理】按钮，打开【用户管理_权限管理[总账组]】对话框，如图 3-20 所示，按照提供的实验数据正确输入。输入完毕，单击【授权】，完成对选定用户组的授权。然后单击【关闭】，退出用户组授权。

注意

除了功能授权外，系统还可以按字段授权，如仓库保管员不能看到存货的成本、销价等信息。还可以按数据进行授权，如销售人员分区管理，北区的销售员只能查看到北区自己客户的信息资料，不能查询其他区域的客户资料。

图 3-20　用户组授权

4. 用户授权

选定需要授权的用户，单击【功能权限管理】按钮。用户授权操作和用户组的授权一样，此处不再赘述。

注意

① 某个用户隶属于某个用户组，如果对该用户组进行了授权，则该用户自动拥有隶属的用户组的所有权限。

② 某个用户除了拥有本组的权限外，如果还有其他的功能权限或需要删除一些功能权限等，则可以通过"用户授权"功能对该用户进行单独授权。

上述实验做完后，备份账套(备份方式采用完全备份)，备份文件名为"F 诚信电子公司(系统管理)"。

第 4 章
总 账 管 理

4.1 系统概述

总账管理系统主要是进行凭证的处理,包括凭证的新增、查询、审核、修改、删除等操作,以凭证为基础编制科目汇总表,登记各种明细账、总账和多栏账,输出科目余额表、试算平衡表等。期末,系统可以自动完成汇兑损益结转、损益结转、自动转账等工作。

4.1.1 总账系统基本业务流程

一个完整的财务处理流程,通常包括如下几个环节。

凭证录入→凭证审核→凭证记账→月末计提→结转损益→凭证汇总→结转下期

(1) 凭证录入主要是录入日常基本凭证,比如借款、费用报销、提现、收款、付款、进销存相关凭证、生产制造相关凭证等。但是如果启用了相关业务系统,则凭证在业务系统制作后会自动传入总账系统,无须再在总账系统录入。

(2) 凭证审核是对录入的凭证进行审查、确认等工作。

(3) 凭证记账主要是将制作的凭证记录登记到账簿上以方便汇总、查询,系统通过"过账"功能自动完成。

(4) 月末经常需要计提折旧、坏账准备、跌价准备等,如果没有启用相关的业务系统,如固定资产、应收系统、存货核算,则可以通过总账系统的"自动转账"功能来完成。自动转账主要完成各种摊、提业务凭证的制作,是基于已有的数据和凭证而通过一定的逻辑关系,由系统来自动产生凭证的过程。

(5) 对于损益类账户,每个月末或者年末,都需要将其实际发生额转入本年利润账户,系统将提供这类凭证的自动结账功能。

(6) 手工方式下,凭证记账和凭证汇总需要分开处理。而在计算机方式下,通过"过账"功能,系统可以自动完成账簿的登记及科目的汇总工作。

(7) 结转下期,即计算出本期的累计发生额、本年的累计发生额、期末余额,并将余额结转为下一会计期间的期初余额。系统通过"期末结账"功能完成。

图 4-1 列示了财务处理在金蝶 K/3 总账系统中的主要操作流程。

图 4-1 总账系统主要操作流程

4.1.2 重点功能概述

总账系统主要是进行凭证、账簿管理的系统，它提供凭证的录入、查询、审核、修改、删除；记账(过账)、总分类账查询、明细分类账查询、多栏账查询、自动转账、期末自动调汇、期末自动结账损益、期末结账等功能。

4.1.3 与其他系统的关系

总账系统和其他系统的关系如图 4-2 所示。

图 4-2 总账系统关系图

4.2 实验练习

实验一 系统初始化

↗ 应用场景

掌握总账系统初始化设置的方法。

↗ 实验步骤

- 设置系统参数。

- 设置基础资料。
- 录入初始数据。
- 关闭初始化。

🔼 **操作部门及人员**

由财务主管张婷设置系统参数,由总账会计胡美玲录入基础资料、初始数据,并结束初始化的工作。

🔼 **实验前准备**

- 将系统日期调整为 2015-02-01。
- 恢复前述备份账套"F 诚信电子公司(系统管理)"。

🔼 **实验数据**

1. 系统参数

系数参数的设置如表 4-1 所示。

表 4-1 系 统 参 数

参 数 名 称	参 数 值
"本年利润"科目	4103
"利润分配"科目	4104
数量单价位数	0
启用往来业务核销	是
结账要求损益类科目为零	是

注:其他参数采用系统默认值。

2. 基础资料

基础资料是企业进行日常业务处理时所必需的,并且是一些通用的基础性数据,如币别、会计科目、结算方式、供应商、客户等。

(1) 币别资料如表 4-2 所示。

表 4-2 币 别

币别代码	币别名称	记账汇率	折算方式	金额小数位数
RMB	人民币	(默认)	(默认)	2
USD	美元	8.00	原币×汇率=本位币	2

(2) 凭证字:"记"。

(3) 会计科目采用新会计准则科目,以下科目稍做修改,如表 4-3 所示。

表4-3 会计科目

科目代码	科目名称	核算项目	备注
1001	库存现金		外币核算：所有币别，期末调汇
1002	银行存款		外币核算：所有币别，期末调汇
1221	其他应收款	职员	外币核算：所有币别，往来业务核算
1122	应收账款	客户	科目受控系统：应收应付
1123	预付账款	供应商	科目受控系统：应收应付
1408	委托加工物资		数量金额辅助核算，加工物资组，箱
2202	应付账款	供应商	科目受控系统：应收应付
2203	预收账款	客户	科目受控系统：应收应付

（4）新增明细科目如表4-4所示。

表4-4 明细科目

科目代码	科目名称	外币核算	期末调汇	核算项目
1002.01	招行	所有币别	是	
1002.01.01	人民币	不核算		
1002.01.02	美元	美元	是	
1002.02	中行	不核算		
2221.01	应交增值税	不核算		
2221.01.01	进项税额	不核算		
2221.01.05	销项税额	不核算		
6601.01	办公费			部门
6601.02	招待费			部门
6601.03	工资福利			部门
6601.04	折旧费			部门
6602.01	办公费			部门
6602.02	差旅费			部门
6602.03	工资福利			部门
6602.04	折旧			部门
6602.05	坏账准备			

(续表)

科目代码	科目名称	外币核算	期末调汇	核算项目
6602.09	其他			
6603.01	汇兑损益			
6603.02	利息			

注：2221.01.01 进项税额科目的余额方向为借方。

(5) 计量单位信息如表4-5所示。

表4-5 计量单位

计量单位组	计量单位代码	计量单位名称	是否默认	换算率
存货组	01	个	是	1%
	02	盒(数码相机)		10%
	03	盒(MP3/优盘)		20%
	04	盒(移动存储器)		5%
加工物资组	001	箱	是	1%
固定资产组一	1	辆	是	1%
固定资产组二	2	台	是	1%

注：全部采用固定换算方式。

(6) 仓库信息如表4-6所示。

表4-6 仓库

库房代码	库房名称	仓库属性	仓库类型	是否进行仓位管理
001	西区库	良品	普通仓	否
002	东区库	良品	普通仓	否
003	代管库	良品	代管仓	否

(7) 客户信息如表4-7所示。

表4-7 客户

客户代码	客户名称
001	香港中环公司
002	浦东金茂公司
003	北方高科公司

(8) 供应商信息如表 4-8 所示。

表 4-8 供 应 商

供应商代码	供应商名称
001	绵阳电子
002	佛山通讯
003	美国高盛

(9) 部门信息如表 4-9 所示。

表 4-9 部 门

部门代码	部门名称	部门属性	成本核算类型
001	技术部	非车间	期间费用部门
002	财务部	非车间	期间费用部门
003	行政人事部	非车间	期间费用部门
004	采购部	非车间	期间费用部门
005	生产车间		
005.01	生产一车间	车间	基本生产部门
005.02	生产二车间	车间	基本生产部门
006	销售部	非车间	期间费用部门
007	仓管部	非车间	期间费用部门

(10) 职员信息如表 4-10 所示。

表 4-10 职 员

代码	名称	部门名称	性别	职务
001	金鑫	行政人事部	男	总经理
101	许静	财务部	女	财务部经理
102	张婷	财务部	男	财务主管
103	胡美玲	财务部	女	总账会计
104	李梅	财务部	女	出纳
105	张爱萍	行政人事部	女	薪资管理员
106	刘丽佳	行政人事部	女	资产管理员
107	马秀伟	财务部	女	往来账会计
201	孙晓红	财务部	女	费用及个人往来账会计
202	葛微	行政人事部	女	行政专员

(续表)

代码	名　称	部门名称	性　别	职　务
301	徐力军	技术部	男	经理
401	李大勇	采购部	男	经理
402	胡开林	采购部	男	采购员
501	张二柱	生产一车间	男	车间主任
502	胡 兵	生产一车间	男	工人
601	朱 铁	生产二车间	男	车间主任
602	赵 武	生产二车间	男	工人
701	王 池	销售部	男	经理
702	李 强	销售部	男	销售员
801	赵 力	仓管部	男	经理
802	曹 敏	仓管部	女	仓管员

3. 初始余额

(1) 人民币账户余额如表 4-11 所示。

表 4-11　人民币账户余额

科目代码	科目名称	核算项目类别及明细	本年累计借方	本年累计贷方	期初余额	实际损益发生额
1001	库存现金		100 000.00	30 000.00	80 000.00	
1002.01.01	人民币		278 000.00	515 000.00	9 016 500.00	
1122	应收账款	香港中环公司	1 000.00		1 000.00	
		浦东金茂公司	2 000.00		2 000.00	
1405	库存商品		120 000.00		120 000.00	
1403	原材料		126 000.00		126 000.00	
1601	固定资产		1 200 000.00		1 325 000.00	
1602	累计折旧			2 000.00	24 000.00	
2202	应付账款	佛山通讯		5 000.00	5 000.00	
		绵阳电子		30 500.00	30 500.00	
2001	短期借款			50 000.00	50 000.00	
2501	长期借款			1 332 500.00		

(续表)

科目代码	科目名称	核算项目类别及明细	本年累计借方	本年累计贷方	期初余额	实际损益发生额
6001	主营业务收入		1 000 000.00	1 000 000.00		1 000 000.00
6401	主营业务成本		632 000.00	632 000.00		632 000.00
6602.01	管理费用——办公费(财务部)		30 000.00	30 000.00		30 000.00
6602.04	管理费用——折旧费(行政人事部)		2 000.00	2 000.00		2 000.00
4103	本年利润			336 000.00	336 000.00	
2221.01.01	进项税额		4 000.00		170 000.00	
2221.01.05	销项税额			170 000.00		
4001	实收资本				11 035 000.00	

(2) 美元账户期初余额如表 4-12 所示。

表 4-12 美元账户期初余额

科目代码	科目名称	累计借方发生额		累计贷方发生额		期初余额	
		原币	本位币	原币	本位币	原币	本位币
1002.01.02	美元	80 000.00	640 000.00			80 000.00	640 000.00

操作指导

1. 设置基础资料

(1) 总账会计胡美玲登录金蝶 K/3 主控台。

执行【开始】—【程序】—【金蝶 K/3 WISE】—【金蝶 K/3 WISE】命令,打开【金蝶 K/3 系统登录】窗口,输入需要登录的账套信息。

当前账套:本案例选择"201502|诚信电子公司"。

选择命名用户身份登录。

用户名：胡美玲。

密码：123。

单击【确定】按钮，进入【K/3 系统-[主界面]】窗口。

(2) 设置币别。

执行【系统设置】－【基础资料】－【公共资料】－【币别】命令，进入【基础平台-[币别]】窗口。单击【新增】，打开【币别-新增】对话框，按照提供的实验数据正确输入。币别的相关属性如表 4-13 所示。

表 4-13 币别属性

项目名称	相关说明
币别代码	表示货币币别的代码，一般使用 3 个字符表示
币别名称	表示货币的名称，如人民币、港币、美元等
记账汇率	在经济业务发生时的记账汇率，期末调整汇兑损益时，系统自动按对应期间的记账汇率折算，并调整汇兑损益额度
折算方式	提供两种方式
金额小数位数	指定币别的精确小数位数，范围为 0~4

(3) 设置凭证字。

执行【系统设置】－【基础资料】－【公共资料】－【凭证字】命令，进入【基础平台-[凭证字]】窗口。单击【新增】，打开【凭证字-新增】对话框，在"凭证字：记，"文本框中录入"记"单击【确定】，完成凭证字录入。单击【关闭】，退出凭证字录入。

(4) 设置会计科目。

第一步，引入系统设置的会计科目模板。

执行【系统设置】－【基础资料】－【公共资料】－【科目】命令，进入【基础平台-[科目]】窗口。选择【文件】－【从模板中引入科目】菜单项，打开【科目模板】对话框，选择【新会计准则科目】，单击【引入】，在【引入科目】对话框，依次单击【全选】、【确定】，引入系统预设的会计科目。

第二步，修改引入的会计科目属性。

选定需要修改的会计科目，单击【属性】，打开【会计科目-修改】对话框，如图 4-3 所示。按照提供的实验数据修改刚才引入的个别会计科目。

会计科目的相关属性说明如表 4-14 所示。

图 4-3　修改会计科目

表 4-14　会计科目属性

项目名称	相关说明
科目代码	科目的代码,在系统中必须唯一
助记码	帮助记忆科目的编码。在录入凭证时,为了提高科目录入的速度,可以用助记码进行科目录入。例如:将"银行存款"科目的助记码输为"YHCK",则在输入"银行存款"科目时输入"YHCK",系统将会自动找到"银行存款"科目
科目名称	科目名称是该科目的文字标识
科目类别	科目类别用于对科目的属性进行定义。科目的属性一般分为分六大类:资产类、负债类、所有者权益类、成本类、损益类及表外科目等
余额方向	余额方向是指该科目的余额默认的方向。一般资产类科目的余额方向在借方,负债类科目的余额方向在贷方
核算项目	多项目核算,可全方位、多角度地反映企业的财务信息,设置核算项目就相当于将某类核算项目的具体内容作为该科目的明细科目
外币核算	• 如果选择不核算,则表示此科目在使用时只能选择记账本位币 • 如果选择核算某种外币,则表示此科目在使用时只能选择某外币,但是系统会自动根据汇率折算成记账本位币 • 如果选择核算所有外币,则表示此科目在使用时可以选择"币别"资料中的所有币别,包括本位币。对于非本位币,系统也会自动根据汇率折算成记账本位币

(续表)

项目名称	相关说明
往来业务核算	主要用于一些往来业务的管理，特别是在没有启用应收应付系统时，可以利用此功能进行简单的往来账款管理，包括输出往来对账单、账龄分析表
数量金额辅助核算	主要用于存货的数量管理。特别是在没有启用供应链系统时，可以利用此功能进行简单的数量管理。选择此选项后，在制作凭证时，会要求既录入金额，又录入数量

> 修改委托加工物资科目属性时，由于需要引用到计量单位，所以还需先增加相关计量单位后再进行修改。

第三步，增加新的会计科目，在此主要练习新增一些明细科目。

在【基础平台-[科目]】窗口，单击【新增】，打开【会计科目-新增】对话框，按照提供的实验数据新增会计科目。

第四步，删除不需要的会计科目。

> ① 科目的属性将关系到后面账务、报表的处理，以及是否能由业务系统自动生成凭证等，因此需要慎重设置科目属性。
>
> ② 核算项目，简言之，就是另一种形式的明细科目，只是比普通的明细科目使用起来更灵活、更方便。以往来账款为例，应收账款、预收账款都要按客户明细进行分类统计。手工方式下，必须在应收账款下设置客户明细，同时还要在预收账款科目下再设置一次明细。如果有了核算项目，则只需要设置好客户资料后，将应收账款、预收账款分别绑定即可。这样大大减少了科目设置的工作量，同时还能快速获得客户的数据资料。手工方式下，要查询某客户的往来款余额，还需要将此客户涉及的所有科目进行手工汇总统计，经常会由于遗漏等问题而导致统计的数据不准确。计算机方式下，只需按客户进行查询即可。
>
> ③ 科目通过点号来区分级次。科目的代码不能重复。新增科目时先增加上级科目，再增加下级科目，下级科目可以自动携带上级科目的属性。
>
> ④ 如果会计科目被其他系统引用，如供应链系统指定存货会计科目为1243，则1243不允许被删除。或者，会计科目已有发生额、余额，也不允许删除，但可以禁用。删除的资料不能自动恢复，如果需要被删除的基础资料，则要手工重新录入一遍。此外，非最明细的科目也不允许删除。

(5) 设置计量单位。

要设置计量单位，必须先增加计量单位组。在 K/3 系统主界面，执行【系统设置】—【基础资料】—【公共资料】—【计量单位】命令，打开【基础平台-[计量单位]】对话框。单击【新增】，打开【新增计量单位组】对话框，按照提供的实验数据新增计量单位组。计量单位组设置完毕，选择需要增加计量单位的组，如"存货组"，鼠标在右边空白方框中单击一下，执行【编辑】—【新增计量单位】命令，在打开的【计量单位-新增】对话框中，依次增加计量单位"个"、"盒(数码相机)"等。

注意

① 设置计量单位，首先需要设置计量单位组，没有计量单位组，就无法增加计量单位。例如，计量单位组可以分为数量组、重量组、体积组等。每一个计量单位组中，系统要求有一个基本的计量单位，本组内的其他计量单位与基本计量单位都有一定的换算关系。比如"个"是基本计量单位，还有计量单位"箱"，且1箱=20个，就与基本计量单位有一定的换算关系。

② 系统默认计量单位组中新增的第一个计量单位为基本计量单位。即【是否默认】中显示的是【是】。如果要修改基本计量单位，则选中要设为基本计量单位的行，单击鼠标右键，选择【设为默认值】即可。

③ 选择工具栏上的【新增】命令，可以新增计量单位组，也可以增加计量单位。如果选择根目录"计量单位"，则新增的是组；如果选择具体的计量单位组，则新增的是本组内具体的计量单位。

④ 通过给计量单位设置不同的换算方式可以支持多计量单位处理。固定换算方式的计量单位与默认计量单位间始终维持固定的换算比率，而浮动换算计量单位则可在物料、单据上使用时根据需要指定其换算率，实现了更加灵活的运用。例如：钢材入库的时候一般按吨计量，使用时可能按米一根根切割领用，此时吨和米之间就没有固定的换算关系，可能这次是 1 吨=600 米，下次是 1 吨=620 米。

⑤ 计量单位设置完毕，可以再修改前面委托加工物资科目的属性。

(6) 设置仓库(存放地点)。

在 K/3 系统主界面，执行【系统设置】—【基础资料】—【公共资料】—【仓库】命令，打开【基础平台-[仓库]】对话框。单击【新增】，打开【仓库-新增】对话框，按照提供的实验数据新增仓库。

注意

① 根据企业的实际管理需要,可以在仓库下设置仓位。仓库多用于供应链系统中。

② 仓库的类型分为普通仓和代管仓等。普通仓是实仓,进行数量和金额核算;代管仓等是虚仓,只核算数量,不核算金额。

(7) 设置客户。

在 K/3 系统主界面,执行【系统设置】-【基础资料】-【公共资料】-【客户】命令,打开【基础平台-[客户]】对话框。单击【新增】,打开【客户-新增】对话框,按照提供的实验数据新增客户资料。客户的信息除了代码、名称外,还有联系人、地址、电话等其他信息,不一一列举。但是有些内容会涉及其他系统或功能的使用,如是否进行信用管理,如果不选,则不能在应收或销售系统中进行信用控制。

(8) 设置供应商。

执行【系统设置】-【基础资料】-【公共资料】-【供应商】命令,打开【基础平台-[供应商]】对话框。单击【新增】,打开【供应商-新增】对话框,按照提供的实验数据新增供应商资料。供应商的信息除了代码、名称外,也有联系人、地址、电话等其他信息。

(9) 设置部门资料。

执行【系统设置】-【基础资料】-【公共资料】-【部门】命令,打开【基础平台-[部门]】对话框。单击【新增】,打开【部门-新增】对话框,按照提供的实验数据新增部门资料。

 注意

部门资料中的"部门属性"、"成本核算类型"用于生产管理系统、成本管理系统。此外,设置"生产车间"时,注意选择"上级组"。

(10) 设置职员资料。

执行【系统设置】-【基础资料】-【公共资料】-【职员】命令,打开【基础平台-[职员]】对话框。单击【新增】,打开【职员-新增】对话框,按照提供的实验数据新增职员资料。此处,只需先录入职员的代码、名称、性别、所属部门信息,因职务和工资系统紧密相关,所以在工资系统中再进行录入、介绍。

2. 设置系统参数

由于系统参数只能由系统管理员设置，以张婷身份登录系统，执行【系统设置】—【系统设置】—【总账】—【系统参数】命令，打开【系统参数】对话框，如图 4-4 所示。按照提供的实验数据正确输入。

图 4-4　设置系统参数

3. 录入初始数据

以胡美玲身份重新登录系统，执行【系统设置】—【初始化】—【总账】—【科目初始数据录入】命令，打开【总账系统-[科目初始余额录入]】对话框，如图 4-5 所示。按照提供的实验数据正确输入。

(1) 先录入科目的人民币初始余额。

① 在录入初始数据时，首先是根据核算币别的不同，分别录入初始数据。
② 录入初始数据时，只需录入最明细科目的初始数据，非明细科目由系统自动汇总算出。
③ 当输入到损益类科目时，还需输入"实际损益发生额"，这关系到利润表输出的正确性。
④ 对于有核算项目的会计科目，需通过单击对应会计科目行、核算项目列的带有"√"的单元格，进入分核算项目录入的窗口，其数据内容和普通窗口一致。
⑤ 进行数量金额辅助核算的科目，还需要输入相关科目的数量信息。数量资料的内容和金额内容相似。

图 4-5 录入初始数据

(2) 再录入科目的美元初始余额。

录入科目的"美元"账户初始余额时,在【总账系统-[科目初始余额录入]】窗口的【币别】处,通过下拉按钮选择【美元】。

(3) 试算平衡。

在【币别】处,通过下拉按钮选择【综合本位币】选项,如图 4-5 所示。再单击工具栏的【平衡】按钮,即可测算初始数据的正确性。

① 如果试算的结果不平衡,则系统不允许结束初始化。
② 如果此处试算不平衡,请检查一下是否因在科目设置时,没有将 2221.01.01 进项税额科目的余额方向修改为借方。

4. 结束初始化

以财务主管张婷的身份登录系统,执行【系统设置】—【初始化】—【总账】—【结束初始化】命令,完成初始化录入工作。初始化结束后,初始数据无法再修改。

注意

① 一旦结束初始化，所有科目的初始数据将不能再修改、录入。
② 如果发现初始化数据错误，可以通过反初始化后，再进行修改。

总账初始化实验做完后，备份账套，备份文件名为"F诚信电子公司(总账初始化)"。

实验二 日常凭证处理

➤ 应用场景

财务人员最日常的财务处理即是根据原始单据按照会计法的要求制作会计凭证，并登记到相应的会计账簿中，月末由主管会计对所有会计凭证进行科目汇总，并试算平衡后登记总账，最终编制会计报表。

在会计信息系统中，最主要的工作即是制作会计凭证，登记会计账簿、科目汇总等可以由信息系统自动完成。

➤ 实验步骤

- 凭证录入。
- 凭证审核。
- 凭证过账。

➤ 操作部门及人员

在诚信公司，总账会计胡美玲等负责每月凭证的制作，财务主管张婷负责审核已录入的凭证。

➤ 实验前准备

- 将系统时间调整为 2015-02-25。
- 恢复前述备份账套。

➤ 实验数据

2015 年 2 月发生的业务如下：

(1) 2 月 8 日，葛微报销办公用品费用 500 元。

借：管理费用——办公费(行政人事部)　　500
　　贷：库存现金　　　　　　　　　　　500

(2) 2 月 10 日，采购部李大勇出差新加坡，借款 1 000 美元(合人民币 8 000 元)。

借：其他应收款——李大勇　　　　　　　　8 000
　　　　贷：银行存款——招行——美元　　　　　　8 000

(3) 2 月 12 日，出纳李梅到银行提取现金 1 000 元。

　　借：库存现金　　　　　　　　　　　　　　1 000
　　　　贷：银行存款——招行——人民币　　　　1 000

(4) 2 月 22 日，李大勇出差回来报销差旅费 800 美元(合人民币 6 400 元)，还款 200 美元(合人民币 1 600 元)。

　　借：管理费用——差旅费(采购部)　　　　　6 400
　　　　银行存款——招行——美元　　　　　　1 600
　　　　贷：其他应收款——李大勇　　　　　　　8 000

▶ 操作指导

1. 凭证录入

在 K/3 系统主界面，执行【财务会计】—【总账】—【凭证处理】—【凭证录入】命令，打开【总账系统-[记账凭证-新增]】对话框。按照提供的实验数据逐笔正确输入记账凭证。输入完成后可以查看记账凭证，如图 4-6 所示。

图 4-6　记账凭证

注意

① 在录入摘要的过程中，还可以使用".."自动复制上条摘要，使用"//"自动复制第一条摘要，以减少输入量。

② 对于提现等一些只涉及金额改动的会计凭证，可以使用模式凭证来加速会计凭证的制作，即将常用凭证的摘要和科目等内容保存为模式凭证，制作凭证时调入模式凭证，修改相关内容后，保存即可。

③ 凭证输入时，可以通过按 F7 键来查询科目代码等相关信息。

④ 如果要输入涉及外币的凭证，单击【外币】按钮即可。由于在设置系统参数时没有勾选【凭证中的汇率允许手工修改】，所以制作外币凭证时，汇率不能修改。

⑤ 制作的凭证如果错误，在未审核前可以直接修改；如果已审核但没过账(登账)，则可以反审核，然后再修改；如果已过账(登账)，则可以使用"对冲"功能，先生成一张红字凭证，再手工制作一张蓝字凭证(虽然系统提供反过账功能，但是不建议使用)。错误的凭证也可以直接删除，删除是不可逆操作，删除后无法恢复。已经审核或过账的凭证不能删除。

2. 凭证审核

张婷登录 K/3 系统主界面，执行【财务会计】—【总账】—【凭证处理】—【凭证查询】命令，弹出【会计分录序时簿过滤】对话框，单击【确定】，进入总账系统【会计分录序时簿】列表窗口。单击【审核】，逐笔审核刚才录入的记账凭证。凭证审核后不能再进行修改。凭证审核后可以进行反审核。

3. 凭证过账

在 K/3 系统主界面，执行【财务会计】—【总账】—【凭证处理】—【凭证过账】命令，打开【凭证过账】向导，按照系统的提示逐步操作。

 注意

① K/3 系统的过账，类似于手工账下的登记账簿和凭证汇总工作。手工方式下，由于工作量的关系一般在月底进行，采用信息系统后，可以每天、每周或月末进行。

② 即使系统没有登账，也可以查询各种明细账、多栏账、总账、余额表等内容，就是我们通常所说的模拟记账。

③ 凭证过账后还可以进行反过账。

> 输出账表

(1) 凭证汇总表

在 K/3 系统主界面，执行【财务会计】－【总账】－【凭证处理】－【凭证汇总】命令，弹出【过滤条件】对话框。币别选择【综合本位币】，选择【包含所有凭证字号】选项，单击【确定】按钮，进入【凭证汇总表】窗口。系统列出了指定日期会计科目的借方发生额汇总数及贷方发生额汇总数。

(2) 总分类账

在 K/3 系统主界面，执行【财务会计】－【总账】－【账簿】－【总分类账】命令，弹出【过滤条件】对话框。单击【确定】，进入【总分类账】窗口，系统列出了指定期间指定会计科目的期初余额、本期借方发生额合计及贷方发生额合计、期末余额。

(3) 多栏账

在 K/3 系统主界面，执行【财务会计】－【总账】－【账簿】－【多栏账】命令，打开【多栏式明细分类账】对话框。先单击【设计】，打开【多栏式明细账定义】对话框，在【编辑】页签，单击【新增】，设计多栏账的方案。

首先在【会计科目】处选择"管理费用"，然后在【币别代码】处选择"RMB"，单击下方的【自动编排】按钮，即完成了多栏账的设计，如图 4-7 所示。设计完毕，单击【保存】。在【浏览】页签中，选择刚定义的多栏账，单击【确定】，系统自动按定义的规则显示符合要求的多栏账。

图 4-7　多栏账设计

实验做完后，备份账套，备份文件名为"F 诚信电子公司(总账实验二)"。

实验三　摊提凭证处理

> 应用场景

企业经常要在期末处理租金、保险费、借款利息、固定资产修理费等的预提，或是进行制造费用、产品生产成本等的结转。

➚ **实验步骤**
- 新增凭证预提方案。
- 生成凭证。
- 凭证审核、过账。

➚ **操作部门及人员**

在诚信公司，总账会计胡美玲负责每月月末固定的一些业务凭证的制作，财务主管张婷审核胡美玲录入的凭证。

➚ **实验前准备**
- 将系统时间调整为 2015-02-28。
- 恢复前述备份账套"F 诚信电子公司(总账实验二)"。

➚ **实验数据**
- 每月月末按短期借款期末余额计提短期借款利息，利率为年率 6%。
- 方案名称：计提借款利息。
- 摘要：月末计提短期借款利息。
- 凭证字：记。
- 币别：人民币。
- 汇率类型：公司汇率。

借：财务费用——利息　　　　　(短期借款期末余额×6%/12)
　　贷：应付利息　　　　　　　(短期借款期末余额×6%/12)

➚ **操作指导**

1. 新增凭证预提方案

在 K/3 系统主界面，执行【财务会计】—【总账】—【结账】—【凭证预提】命令，打开【过滤条件】对话框。单击【确定】，进入【总账系统-[凭证预提]】窗口。单击【新增】，打开【方案设置-新增】对话框。按照提供的实验数据录入方案名称、摘要、凭证字等，单击【保存】按钮，建立预提方案。如图 4-8 所示。

① 预提科目是：应付利息。转入费用科目是：财务费用——利息。
② 预提金额的选择可以通过单击右侧的【获取】按钮进入【取数公式定义向导】对话框进行设置。取数公式的具体含义可以参考第 9 章关于报表的介绍，此处设置为：-ACCT("2001","Y","",0,0,0,"")*0.06/12，注意前面有个负号。
③ 在【预提金额】处，单击 Enter 键，可以设置预提期间。

图 4-8　凭证预提方案

2．生成凭证

参照第一步的操作，进入【总账系统-[凭证预提]】窗口。选择预提方案，单击【凭证】，系统将自动生成一张凭证，并弹出生成凭证的信息提示框。

3．凭证审核、过账

预提凭证的审核、过账操作参考前述介绍。

注意

摊销凭证、自动转账凭证的制作也与预提相类似，此处不再赘述。

实验四　期末调汇

⃗ 应用场景

对于有外币业务的凭证，期末需要根据记账汇率对科目余额进行相应调整。

⃗ 实验步骤

- 期末调汇。
- 调汇凭证审核。
- 调汇凭证过账。

⃗ 操作部门及人员

总账会计胡美玲进行期末调汇的操作，生成凭证，由主管会计张婷对凭证进行审核。

➸ **实验前准备**
- 将系统时间调整为 2015-02-28。
- 接实验三继续练习。

➸ **实验数据**

期末,美元的汇率为 7.8,需要对美元账户进行期末调汇,汇兑损益计入财务费用。

➸ **操作指导**

1. 修改汇率

在 K/3 系统主界面,执行【系统设置】-【基础资料】-【公共资料】-【汇率体系】命令,进入【基础平台-[汇率体系]】窗口。选择【公司汇率】,修改原来的汇率失效日期为 2015-02-27,同时单击【新增】按钮,新增一个汇率为 7.8,生效日期为 2015-02-28,失效日期为 2015-03-30。保存后再进行审核。

2. 调汇

在 K/3 系统主界面,执行【财务会计】-【总账】-【结账】-【期末调汇】命令,打开【期末调汇】向导。汇率类型选择【公司汇率】,单击【下一步】,再设置期末调汇的参数。如汇兑损益科目为"6603.01";生成转账凭证;生成凭证分类为"汇兑损益";凭证日期为"2015-02-28";凭证字为"记";凭证摘要为"结转汇兑损益"。单击【完成】,系统自动生成一张凭证,并弹出生成凭证的信息提示框。单击【确定】,完成期末调汇操作。

调汇凭证的审核、过账操作参考前述介绍。

实验五 结转损益

➸ **应用场景**

为了正确编制利润表,月末需要将损益类科目实际发生额自动转入本年利润科目。

➸ **实验步骤**
- 自动结转损益。
- 结转损益凭证审核。
- 结转损益凭证过账。

➸ **操作部门及人员**

由总账会计胡美玲进行自动结转损益的操作,由主管会计张婷对凭证进行审核、过账。

➸ **实验前准备**
- 将系统时间调整为 2015-02-28。
- 接实验四继续练习。

↗ **实验数据**

2月28日，将所有损益类科目实际发生额结转到本年利润科目中。

- 凭证类型：损益。
- 凭证生成方式：按普通方式结转。

↗ **操作指导**

在K/3系统主界面，执行【财务会计】—【总账】—【结账】—【结账损益】命令，打开【结转损益】向导，依照系统提示操作。

审核结账损益凭证并过账。

注意

损益类科目结转到本年利润必须使用系统提供的结转损益功能，否则将影响利润表的正确性。

上述实验做完后，备份账套，备份文件名为"F诚信电子公司(总账期末处理)"。

实验六　期末结账

↗ **应用场景**

了解期末结账的方法，待相关系统业务都处理完毕，凭证全部生成，并审核、过账后，再做结账工作。

↗ **实验步骤**

- 期末结账。

↗ **操作部门及人员**

主管会计张婷进行期末结账处理。

↗ **实验前准备**

- 将系统时间调整为2015-02-28。
- 接实验五继续练习。

↗ **实验数据**

无。

↗ **操作指导**

在 K/3 系统主界面，执行【财务会计】—【总账】—【结账】—【期末结账】命令，打开【期末结账】向导，依照系统提示操作。结账完成，系统进入下一会计期间，在窗口的右下角，可以看到当前会计期间为：2015 年第 3 期。

① 如果其他系统参数设置了"与总账同步"，则需要其他系统先结账，总账系统才能结账。

② 期末结账是本期的最后一项工作，一定要慎重，确保前面的工作都完成后再进行结账。

③ 系统还提供反结账的功能，建议大家不要轻易进行结账、反结账处理。

第 5 章
供应链及应收应付系统

5.1 初始化

5.1.1 初始化概述

在当今的社会经济生活中,销售采购业务的发生必然伴随着大量往来账款的产生。一般情况下,销售采购业务中销售、采购发票是双方统计销售收入、登记应收账款或是计算采购成本、登记应付账款的凭据。

由此可见,反映销售采购业务的供应链系统和应收应付系统也是紧密相连的。销售发票既是供应链系统统计销售收入的依据,也是应收系统汇总应收账款的凭据。采购发票既是供应链系统计算采购成本的依据,也是应付系统汇总应付账款的凭据。

虽然供应链系统和应收应付系统联系紧密,但考虑到企业逐步推进信息化进程的实际需要,供应链系统和应收应付系统又可独立使用。故此,两大系统都有自己的初始化操作设置。而且在应收应付系统结束初始化之前,两大系统之间不进行发票的传递,所以在进行初始化操作时,互不影响。

注意

① 销售系统只在应收款管理系统结束初始化之后提供销售发票的单向传递,而且是强制传递,即只要应收款管理系统结束初始化后,销售系统新增的销售发票会自动传递到应收款管理系统。所以,如果供应链系统和应收应付系统同时使用,则应先完成应收应付系统初始化的操作。

② 应收应付系统新增的发票不能传递到供应链系统。所以,初始化结束后,发票的输入在供应链系统完成,应收应付系统无须新增发票。

③ 对于供应链中的采购、销售、仓存、核算管理系统,虽然它们也可以互相独立使用,但数据关联度更高、更紧密,故初始化操作时,共同使用同一个初始化操作设置,即只需在其中任一系统完成,则其他系统也同时完成初始化操作。

下面，我们进行两大系统的初始化练习。

5.1.2 初始化实验练习

实验一 应收应付系统初始化

应收应付系统可以互相独立使用，如果要使用应收应付系统，则必须先进行应收应付系统的初始化操作。下面我们以应收系统为例进行介绍，应付系统则留给大家自己练习。

↗ 应用场景

如果要启用应收应付系统进行往来账管理，则必须先进行应收应付系统的初始化操作。

↗ 实验步骤

- 设置系统参数。
- 设置基础资料。
- 输入初始数据。
- 与总账对账。
- 结束初始化。

↗ 操作部门及人员

初始建账时，由财务部往来账会计马秀伟负责应收应付系统初始余额输入。

↗ 实验前准备

- 系统日期调整为 2015-02-01。
- 恢复前述备份账套"F 诚信电子公司(总账期末处理)"。
- 如果采用新建账套，则账套(即数据库)已经建好并已启用，操作员的往来业务操作权限已经分配。币别、凭证字已经设置，会计科目已经引入。应收账款科目下挂客户核算，应付账款科目下挂供应商核算，并设置为应收应付系统受控科目。客户资料、存货资料、部门资料、职员资料已经输入完毕。

↗ 实验数据

(1) 系统参数如表 5-1 和表 5-2 所示。

表 5-1 应收系统参数

基本信息	启用年份：2015；启用期间：2 月
坏账计提方法	坏账损失：6602.05；坏账准备：1231；计提坏账科目：应收账款；计提比例：0.5%
科目设置	单据类型科目都为 1122，应收票据：1121；应交税金：2221.01.05
凭证处理	使用凭证模板(勾选)；预收冲应收需要生成转账凭证(不勾选)

表 5-2 应付系统参数

基本信息	启用年份：2015；启用期间：2月
科目设置	单据类型科目都为2202，应收票据：2201；应交税金：2221.01.01

没有特殊说明的内容均采用系统默认值，不更改。

(2) 基础资料

基础资料包括：单据类型(采用系统默认设置，不作更改)，凭证模板和信用管理将在后面介绍。

(3) 初始数据如表 5-3 和表 5-4 所示。

表 5-3 应收账款余额

客户名称	单据类型	单据日期	财务日期	本年发生额	本年收款	余额	应收日期	应收金额
浦东金茂公司	增值税发票	2015-01-23	2015-01-23	2 000.00	0	2 000.00	2015-01-30	2 000.00
香港中环公司	其他应收单	2015-01-23	2015-01-23	1 000.00	0	1 000.00	2015-01-30	1 000.00

两张单据所属部门均为销售部，业务员均为王池。

表 5-4 应付账款余额

供应商名称	单据类型	单据日期	财务日期	本年发生额	本年付款	余额	应付日期	应付金额
佛山通讯	增值税发票	2015-01-23	2015-01-23	5 000.00	0	5 000.00	2015-01-30	5 000.00
绵阳电子	其他应付单	2015-01-23	2015-01-23	30 500.00	0	30 500.00	2015-01-30	30 500.00

两张单据所属部门均为采购部，业务员均为李大勇。

↗ 操作指导

1. 设置应收应付系统参数

以往来账会计马秀伟的身份登录金蝶 K/3 主控台，执行【系统设置】－【系统设置】－【应收款管理】－【系统参数】命令，打开应收系统的【系统参数】对话框，如图 5-1 所示。按照提供的实验数据正确输入。

图 5-1 应收系统参数设置

① 启用年份、启用会计期间指初次启用应收款管理系统的时间，它决定了初始化数据输入时应输入哪一个会计期间的期初余额。如启用年份为 2015 年，启用会计期间为 2 期，则在输入初始化数据时输入 2015 年第 2 期的期初余额。启用年份、启用会计期间在初始化结束后不能修改。

当前年份、当前会计期间指当前应收款管理系统所在的年度与期间。初次使用，启用年份=当前年份，启用会计期间=当前会计期间，初始化结束后，每进行一次期末处理，当前会计期间自动加 1，如果经历一个会计年度，则当前年份自动加 1。当前年份、当前会计期间由系统自动更新，用户不能修改。

由于销售系统、应收款管理系统启用后，销售系统的发票会自动传递到应收款管理系统，故用户必须正确处理好销售系统与应收款管理系统的启用期间问题，否则可能会造成数据错误。

② 坏账计提的方法可以随时更改。系统根据设置的方法计提坏账准备，并产生相应的凭证。

2. 设置基础资料

执行【系统设置】—【基础资料】—【应收款管理】—【类型维护】命令，打开【类型维护】对话框，可以设置应收应付系统的一些基础信息。

3. 输入初始数据

执行【系统设置】－【初始化】－【应收款管理】－【初始销售增值税发票-新增】命令，打开【初始化_销售增值税发票-新增】对话框，如图 5-2 所示。按照提供的数据资料输入浦东金茂的应收账款资料。

图 5-2 初始化_销售增值税发票录入

① 应收账款余额在对话框右上角的收款计划中填入。
② 往来科目中输入"1122 应收账款"，否则会与总账数据对不上账。

执行【系统设置】－【初始化】－【应收款管理】－【初始其他应收单-新增】命令，打开【初始化_其他应收单-新增】对话框，如图 5-3 所示，按照提供的数据资料输入香港中环公司的应收账款资料。注意：发生额、本年收款额、应收款余额都在对话框下面的活动框中填入，同时系统会将应收款余额自动回填到对话框右上角的收款计划中。

> 销售发票或应收单单据中的本年发生额一般指应收账款明细科目的本年借方累计发生数，本年收款额指应收账款明细科目的本年贷方累计发生数，应收款余额指应收账款明细科目的期初余额。

图 5-3　初始化_其他应收单录入

4. 与总账系统进行对账

对账是将输入的发票、其他应收单等的应收款余额等按所属科目汇总，并将汇总数据与总账进行核对的过程。

(1) 在 K/3 系统主界面窗口，执行【财务会计】—【应收款管理】—【初始化】—【初始化对账】命令，进入【初始化对账-过滤条件】窗口。

(2) 输入过滤条件：科目代码为"1122"，选择【显示核算项目明细】选项。

(3) 单击【确定】，进入【应收款管理系统-[初始化对账]】窗口，如图 5-4 所示，窗口中显示了会计科目 1122 应收账款在应收系统的余额和在总账系统的余额，并列出了两者的差额。

进行初始化对账,是为了保证日后总账系统和应收应付系统数据的一致性。

图 5-4　初始化对账(应收系统)

5. 应付系统初始化数据录入

参考应收系统初始化操作,完成应付系统初始化数据录入。

6. 结束应收应付系统初始化

初始数据输入完毕,并核对正确之后,接下来就该启用系统,即结束初始化操作,进入日常的业务处理。一旦启用系统,初始化中的数据将不得修改,所以用户在启用前一定要慎重,要仔细思考数据的合理性。

在 K/3 系统主界面,执行【财务会计】—【应收款管理】—【初始化】—【结束初始化】命令,按照系统提示完成初始化工作。如果启用后发现初始化数据错误,需要修改,可以通过【反初始化】操作进行修改。

⤻ 输出表单

执行【系统设置】—【初始化】—【应收款管理】—【初始应收单据-维护】命令,进入【过滤】窗口。输入过滤条件:在【事务类型】列表框中选择【初始化_销售增值税发票】。

单击【确定】,进入【初始化_销售增值税发票】窗口,如图 5-5 所示。窗口中显示了初始化时录入的销售增值税发票单据。

图 5-5　初始化单据查询(应收系统)

执行【系统设置】—【初始化】—【应收款管理】—【初始化数据-应收账款】命令，进入【过滤条件】窗口，单击【确定】按钮，进入【应收款管理系统-[初始化数据_应收账款]】窗口，如图 5-6 所示。在该窗口中，可以查询初始化时输入的应收账款的发生额、本年应收、本年实收、期初余额。

图 5-6　初始化余额查询(应收系统)

① 一旦结束初始化，所有的初始数据将不能再修改、再录入。
② 如果发现初始化数据错误，可以通过反初始化操作后，再进行修改。

实验二　供应链初始化

↗ 应用场景
如果要启用供应链系统进行存货的管理,则必须先进行供应链系统初始化操作。

↗ 实验步骤
- 设置供应链系统核算参数。
- 设置供应链系统的相关基础资料。
- 设置供应链系统参数。
- 输入供应链系统初始存货余额。
- 输入供应链系统启用期前未处理完毕单据。
- 与总账系统进行对账。
- 结束初始化操作。

↗ 操作部门及人员
初始建账时,一般由财务主管张婷负责将供应链系统的公用基础资料及存货的初始余额输入系统,并负责结束初始化工作。仓库管理员曹敏负责输入库存类单据,仓库主管赵力负责审核仓库管理员曹敏输入的单据。

↗ 实验前准备
- 系统日期调整为 2015-02-01。
- 恢复前述备份账套。
- 如果采用新建账套,则账套(即数据库)已经建好并已启用,操作员的供应链系统操作权限已经分配。币别、凭证字已经设置,会计科目已经引入。

↗ 实验数据
(1) 核算参数。
业务系统启用年度:2015。
启用期间:2。
采用数量、金额核算。
库存更新控制:单据审核后才更新。
门店模块设置:不启用门店管理。

(2) 基础资料。
计量单位、仓库(存放地点)、供应商、客户、部门、业务员资料在前述总账系统初始化中已列出。下面只介绍辅助属性和物料资料。
① 物料资料如表 5-5 所示。

表 5-5 物 料 资 料

代码	名称	计价方法	辅助属性类别	其他
01	产成品			
01.01	数码相机	加权平均法		采用批次管理；库龄管理；保质期管理，保质期两年，即 730 天
01.02	MP3	加权平均法	颜色	最低存量：10 最高存量：100 安全库存数量：50
01.03	优盘	先进先出法		
01.04	移动存储器	后进先出法		
02	半成品			
02.01	数码相机主板	计划成本法		计划单价：300 材料成本差异科目：1404 单位计件工资：7
02.02	MP3 主板	计划成本法		计划单价：100 材料成本差异科目：1404 单位计件工资：5
03	原材料			
03.01	数码相机芯片	加权平均法		
03.02	数码相机控制器	分批认定法（批内先进先出法）		采用批次管理
03.03	数码相机外壳	加权平均法		
03.04	MP3 芯片	移动平均法		
03.05	MP3 面板	加权平均法		

数量精度为 0，单价精度为 0，计量单位组为"存货组"，计量单位为"个"，其他参数采用系统默认选项。

② 物料属性如表 5-6 所示。

表 5-6 物 料 属 性

物料类别	存货科目	销售收入科目	销售成本科目	物料属性	默认仓库
产成品类	1405	6001	6401	自制	东区库
半成品类	1405	6001	6401	自制	东区库
原材料类	1403	6051	6402	外购	西区库

③ 物料辅助属性如表 5-7 所示。

表 5-7 物料辅助属性

代 码	名 称	自定义属性	类 型	长 度
01	颜色	颜色	字符型	10

④ 颜色属性值如表 5-8 所示。

表 5-8 颜色属性值

代 码	名 称	属 性 值
001	黑色	黑色
002	白色	白色

(3) 系统参数。

全部采用系统默认参数,不做修改。

(4) 供应链系统初始物料余额(库存商品及原材料年初的期初数量和期初金额等)如表 5-9 所示。

表 5-9 初始物料余额

物 料 代 码	期 初 数 量	期 初 金 额	其 他 信 息
01.01	100	100 000.00	批号:20150101 入库日期:2015-01-01 生产日期:2015-01-01
01.02(黑色)	100	10 000.00	入库日期:2015-01-31
01.03	100	10 000.00	第一批:数量 40,金额 4 000,入库日期为 2015-01-01 第二批:数量 60,金额 6 000,入库日期为 2015-01-10
03.01	100	50 000.00	入库日期:2015-01-10
03.02	100	10 000.00	批号:20150131 入库日期:2015-01-31
03.03	100	5 000.00	入库日期:2015-01-31
03.04	100	60 000.00	入库日期:2015-01-31
03.05	100	1 000.00	入库日期:2015-01-31

本年累计收入数量、本年累计收入金额与期初数据一致。本年累计发出数量与金额为 0。

(5) 供应链系统启用期前未处理完毕单据。

2015年1月23日，仓管员曹敏收到绵阳电子公司发来的MP3芯片50个，暂估单价600元，MP3面板50个，暂估单价10元，入西区库。往来科目为"应付账款"。保管、验收人员均为曹敏。

2015年1月23日，仓管员曹敏从东区库发出10个优盘到香港中环公司，估计出库成本100元/个，保管、发货人员均为曹敏。

↗ 操作指导

1. 设置供应链系统核算参数

以财务主管张婷的身份登录金蝶K3主控台，执行【系统设置】—【初始化】—【采购管理】—【系统参数设置】命令，打开【核算参数设置向导】，如图5-7所示。按照提供的实验数据正确输入。

图5-7 供应链核算参数设置

① 供应链初始化的首要操作步骤是设置核算参数，一旦输入了初始数据，核算参数将不能再修改。

② 启用年度和启用期间：系统默认为数据库所在机器的系统年度和日期，用户可以自动更改，选择业务实际的启用年度和期间。

③ 核算方式：有"数量核算"和"数量、金额核算"两种方式。如果仅使用仓存系统，则可以选择【数量核算】选项；如果还启用了核算管理系统，则建议选择【数量、金额核算】选项。

④ 库存更新控制：主要是针对物料的即时库存更新的处理，系统有两种选择，如果选择【单据审核后才更新】，则系统将在库存类单据进行业务审核后才将该单据的库存数量计算到即时库存中，并在反审核该库存单据后进行库存调整；如果选择【单据保存后立即更新】，则系统将在库存类单据保存成功后就将该单据的库存数量计算到即时库存中，并在修改、复制、删除、作废、反作废该库存单据时进行库存调整。

⑤ 是否启用门店管理：如果不使用POS系统进行前台销售的结算及数据采集，则无需选择【启用门店管理】选项。

2. 设置供应链系统相关的公用基础资料

公用基础资料中的币别、凭证字、会计科目、供应商、客户、部门、业务员资料设置参考前述总账系统中的介绍。下面将详细介绍与物料相关的基础资料,包括计量单位、仓库、辅助属性、物料、物料的初始余额、期初单据。

(1) 辅助属性

辅助属性是金蝶软件系统独具特色的一个功能设置,用于描述物料的一些共同特性。辅助属性的作用类似于核算项目,只是辅助属性是针对物料的,核算项目是针对会计科目的。具体表现在:许多物料可能都涉及颜色的分类核算,如果通过下设明细科目的方式进行处理,则每个物料下面都需设置对应的颜色明细,势必增大工作量。通过在物料下设置辅助属性的方式,每个物料可以根据需要选择是否设置辅助属性,大大减少了数据的重复输入。

在 K/3 系统主界面,执行【系统设置】-【基础资料】-【仓存管理】-【物料辅助属性】命令,打开【物料辅助属性管理】对话框。选择【辅助属性】中的【基本类】,单击【新增】按钮,弹出【基本辅助属性】对话框。输入代码"01",名称为"颜色"。

在【自定义属性】框,单击【新增】按钮,弹出【自定义属性-新增】对话框。输入名称为"颜色",类型为"字符型",长度为"10"。单击【新增】,退回到【基本辅助属性】对话框,如图 5-8 所示,单击【确定】,完成辅助属性——颜色的设置。

图 5-8 辅助属性

接下来再新增颜色的明细属性值。

在【物料辅助属性管理】对话框,选择【颜色】,单击鼠标右键,选择【新增辅助属性】按钮,打开【新增基本辅助属性(颜色)】对话框,输入类别代码"001",属性值为"黑色",单击【确定】,完成黑色属性的新增;输入类别代码"002",属性值为"白色",单击【确定】,完成白色属性的新增。单击【取消】,返回【物料辅助属性管理】对话框。

(2) 物料

在 K/3 系统主界面,执行【系统设置】-【基础资料】-【公共资料】-【物料】命令,打开【基础平台-[物料]】对话框。单击【新增】,打开【物料-新增】对话框,如

图 5-9 所示。单击【上级组】，新增物料组 "01 产成品"，"02 半成品"，"03 原材料"。

图 5-9　新增物料组

接下来再按照实验数据新增具体的明细物料。选择【产成品】，单击【新增】，打开【物料-新增】对话框，如图 5-10 所示。按照实验数据新增具体的明细物料。

图 5-10　新增物料

注意，案例中 MP3 设置了辅助属性类别：颜色，则还需在【系统设置】—【基础资料】—【仓存管理】—【物料辅助属性】中，选择【物料资料】—【产成品】中的 MP3，双击进入，在【辅助属性】中选中属性值，如图 5-11 所示。

图 5-11 物料辅助属性设置

① 物料属性

物料属性分为九种。大部分的分类与生产制造系统相关,这里我们只介绍其中的四种:外购指物料是从外界购买的,一般是采购的原材料;委外加工指该物料是经过加工获得的;虚拟件指该物料为虚拟构成件,在 BOM 中经常用到;自制是指该物料是企业自行生产的,一般为自制半成品或产成品。

② 计价方法

计价方法指计算物料发出成本和结存成本时采用的计价方法。系统提供了财务上几种标准的计价方法供选择,包括加权平均法、移动平均法、先进先出法、后进先出法、分批认定法、计划成本法等。计价方法一经选定,不得更改。

注意

① 最低存量是指为满足企业正常的生产经营需要,当前物料所能允许的并以基本计量单位计算的最小库存储备量。最低存量是针对所有仓库而言的,而不是只针对单个仓库的储存能力。

② 最高存量是指为避免库存积压而大量占用储备资金而规定的企业所能承担的、以基本计量单位计算的当前物料最大库存储备量。最高存量也是针对所有仓库而言的,不只针对单个仓库的储存能力。

③ 安全库存是指为维持基本生产需要,必须达到的、以基本计量单位计算的库存量。

3. 设置供应链系统参数

在 K/3 系统主界面,执行【系统设置】—【系统设置】—【采购管理】—【系统设置】命令,打开【系统参数维护】对话框,可以设置供应链系统参数,如图 5-12 所示。本案例中采用系统默认值,不做修改。

图 5-12 供应链系统参数

4. 输入供应链系统初始物料余额

在 K3 系统主界面,执行【系统设置】—【初始化】—【采购管理】—【初始数据录入】命令,打开【采购管理(供应链)系统-[初始数据录入]】对话框,按照实验数据输入物料的初始余额。

(1) 选择【东区库】,【初始数据录入】对话框右侧列出了默认仓库为东区库的所有明细物料。

(2) 选择物料名称——数码相机所在行,单击【批次/顺序号】,进入【数码相机】对话框,如图 5-13 所示。单击【新增】,输入批号 20150101,以及本年累计收入数量、本年累计收入金额、期初数量、期初金额等信息,单击【保存】,完成物料——数码相机的初始数据录入。单击【退出】,返回【初始数据录入】对话框。

(3) 选择物料名称——MP3 所在行,直接输入辅助属性"黑色",以及本年累计收入数量、本年累计收入金额、期初数量、期初金额等信息,如图 5-14 所示。

图 5-13 初始数据录入(批次管理物料)

图 5-14 初始数据录入(带辅助属性的物料)

(4) 选择物料名称——优盘所在行,参考步骤(2),完成物料——优盘的初始数据录入,如图 5-15 所示。由于优盘不进行批次管理,所以无须录入批号,但因为采用先用先出法,所以也需要分次录入每次入库的日期。

图 5-15 初始数据录入(先进先出法物料)

(5) 选择【西区库】,【初始数据录入】对话框右边列出了默认仓库为西区库的所有明细物料,如图 5-16 所示。

(6) 选择物料名称——数码相机芯片所在行,直接输入本年累计收入数量、本年累计收入金额、期初数量、期初金额信息。

(7) 选择物料名称——数码相机控制器所在行,参考步骤(2),完成物料——数码相机控制器的初始数据录入。

(8) 参考步骤(6),完成数码相机外壳、MP3 芯片、MP3 面板的初始数据录入。

图 5-16 初始数据录入

(9) 单击【保存】，然后退出。

物料的计价方法为加权平均法、移动平均法，初始化数据可以直接输入。如果物料的计价方法采用"先进先出、后进先出、分批认定法"或者物料启用批次管理，则在输入初始数据时必须通过双击绿色的【批次/顺序号】进行输入。

5. 与总账系统进行对账

对账是将物料的期初数据按所属科目汇总，并将汇总数据与总账进行核对的过程。

在【初始数据录入】对话框，单击左上角的【对账】按钮，系统将自行生成一张有关物料的科目汇总表(初始数据对账表)，可以将其中的数据与总账系统中这些科目的数据核对。如果总账尚未完成初始化，可以单击左上角的【传递】按钮，将物料的初始数据传递到总账系统的科目初始数据中，如图 5-17 所示。

图 5-17 对账

6. 输入供应链系统启用期前未处理完毕单据

初始化数据输入除了期初数量金额以外，还包括一些初始化之前未收到采购发票的暂估入库单、未核销出库单(即未开销售发票的销售出库单)，此项的目的是当系统启用后能和实际情况保持一致。

仓管员曹敏登录 K/3 系统。在 K/3 系统主界面，执行【系统设置】—【初始化】—【采购管理】—【录入启用期前的暂估入库单】命令，弹出【条件过滤】窗口。单击【确定】，进入【启用期前的暂估入库】窗口，再单击【新增】，打开【外购入库单-新增】窗口，如图 5-18 所示，按照实验数据输入。

图 5-18　初始化暂估入库单录入

在 K/3 系统主界面，执行【系统设置】—【初始化】—【销售管理】—【录入启用期前的未核销销售出库单】命令，弹出【条件过滤】窗口。单击【确定】，进入【启用期前的未核销销售出库单】窗口。再单击【新增】按钮，打开【销售出库单-新增】对话框，如图 5-19 所示，按照实验数据输入。

仓库主管赵力登录 K/3 系统，审核曹敏输入的单据。

图 5-19 初始化销售出库单

① 由于在启用期初的账务余额中，已经包括了以前期间进行暂估的单据的账务金额(即已在总账系统生成凭证)，所以，启用期前的暂估入库单在业务系统不再生成暂估凭证，等单(发票)到后，统一进行暂估冲回等处理。

② 初始化的物料余额中已包括了暂估入库单的数量，如本例，MP3 芯片初始化数量是 100 个，中间实际已包括了暂估入库单中 50 个的数量，之所以要输入暂估入库单，是为了初始化结束后与采购发票进行勾稽。

7. 结束初始化操作

初始数据输入完毕，并核对正确之后，接下来就该启用业务系统，即结束初始化操作，进入日常的业务处理。一旦启用业务系统，初始化中部分核算参数和数据将不得修改，所以用户在启用前一定要慎重，要仔细思考参数和数据的合理性。在执行启用业务系统操作时，必须保证单据已审核才能启用。

张婷登录 K/3 系统。在 K/3 系统主界面，执行【系统设置】—【初始化】—【采购管理】—【启用业务系统】命令，完成结束初始化操作。

如果启用后发现初始化数据错误，需要修改，可以通过【反初始化】功能操作。

➢ 输出表单

供应链系统输入的库存初始余额，可以通过即时库存查询得出。在 K/3 系统主界面，执行【供应链】—【仓存管理】—【库存查询】—【即时库存查询】命令，即可查询到每种物料的即时余额。

供应链系统输入的初始单据，可以在单据序时簿中查询。以查询初始化输入的暂估入库单为例，在 K/3 系统主界面，执行【供应链】—【仓存管理】—【验收入库】—【外购入库单-维护】命令，即可以查询到初始化时输入的暂估入库单。

注意

① 一旦结束初始化，所有的初始数据将不能再修改和录入。
② 如果发现初始化数据错误，可以通过反初始化操作后，再进行修改。

5.2 采购管理

5.2.1 系统概述

采购管理系统通过各种采购业务单据的处理，配合仓存系统、应付款管理系统一起，对采购合同的签订，采购商品的检验入库，采购发票的管理，货款的支付等采购全过程进行有效的控制和跟踪，通过供应商管理、采购价格及供应商供货信息管理等实现完善的企业物料采购管理。

1. 采购系统基本业务处理流程

一个完整的采购业务流程通常包括以下 6 个环节。

采购申请→采购订货→采购检验→仓库收货→财务记账→出纳付款

(1) 采购申请、采购订货在采购系统完成。
(2) 采购检验在质量管理系统完成。
(3) 仓库收货既可以在采购系统，也可以在仓存管理系统完成。
(4) 财务记账业务中，发票和入库单的勾稽核对在采购系统完成，登记应付账款信息在应付系统完成，采购入库商品的成本核算及凭证处理在核算管理系统完成。
(5) 出纳付款在应付系统完成。

采购业务的完成涉及多个信息系统，下面先介绍在金蝶 K/3 采购管理系统处理的业务部分，如图 5-20 所示。

图 5-20 采购系统业务处理流程

从图 5-20 中可以看出，采购系统最关键的操作是：单据输入、单据审核及勾稽。

2. 重点功能概述

虽然采购系统关键的操作是单据输入、审核及勾稽，但只能满足日常核算的需要，要真正管理好采购业务，还需更多的高端管理功能。金蝶 K/3 采购系统提供的重点管理功能如下。

(1) 采购价格管理

采购价格管理是企业重要的采购政策之一，灵活的价格体系和价格信息查询可以降低采购成本，严密的限价预警控制手段可以杜绝采购漏洞。K/3 供应链的采购价格管理给用户提供了一个有效的内部控制工具。

采购价格管理的应用主要体现在以下四个方面。

第一，如果启用了采购价格管理，采购类单据新增时，原材料的采购单价可以自动从系统设定的价格政策中提取，避免了人为操纵采购单价的风险。

第二，如果单据中原材料的采购价格高于价格政策中设定的最高采购价，系统会进行报警提示。

第三，如果参数中设置"采购订单保存时自动更新采购价格"，则新增采购订单时，系统会根据单据中供应商、物料等信息，匹配采购价格的报价和折扣率，自动更新价格政策中原有的采购报价，从而有效保证了价格政策的实时性。

第四，在采购类单据界面，可以查询到以往采购的历史价格，有助于采购人员判断采购的商品价格是否合理。

(2) 供应商供货信息维护

供应商供货信息维护的应用体现在以下两个方面。

首先，商品的名称在各个企业的叫法千差万别，如一家企业的商品名为抽油烟机，而在另一家企业可能叫排烟扇。将本单位的采购商品名称和供应商的商品名称一一对应，一方面方便了上下游采购信息的快速传输，可以加快采购进度，另一方面，也可以有效避免由于名称不同而产生的误解。

其次，如果供货信息中设定了采购配额，则实际采购时，系统自动根据配额分配采购数量给不同的供应商，可以有效保证不同供应商之间的公平竞争，最大限度地减少采购员操控采购数量的风险。

3. 与其他系统的关系

采购系统与其他系统的关系如图 5-21 所示。

图 5-21　采购系统关系图

(1) 采购订单是 MPS 和 MRP 计算预计入库量的一种重要的单据，并且主生产计划系统和物料需求计划系统的计划订单可以投放生成采购申请单。

(2) 采购系统中的采购发票可以直接传递到应付系统作为确认应付的依据，费用发票在保存时会传递到应付系统形成其他应付单。

(3) 采购系统的外购入库单是仓存系统中的一种重要库存交易单据，它会更新相应仓库的即时库存。

(4) 当采购发票和采购入库单勾稽(即互相核对)后，即可以在核算管理系统进行采购费用的分摊及采购成本的核算处理，计算出的采购成本可以反填到采购入库单中进行会计凭证的处理。

此外，采购系统的采购订单可以根据销售订单生成从而处理以销定购的业务，采购发票可以根据销售发票生成从而处理直运销售(采购)的业务。

5.2.2　采购管理实验练习

实验一　供应商管理

在进行采购日常业务操作之前，先要进行供应商基础信息的设置。供应商管理的目的是在实际采购时，系统能协助自动选择最优供货商，同时，在签订采购合同(订单)时，系统能自动进行最高采购限价的控制，从而避免采购过程中一些腐败事件等的发生。

↗ 应用场景
用于减少采购环节的人为控制。

↗ 实验步骤
- 供应商供货信息的设置。
- 采购价格的设置。
- 采购报价的审核。

↗ 操作部门及人员
在诚信电子公司所有的采购资料、采购单据的录入由采购员胡开林负责，所有采购类资料及单据的审核由采购部经理李大勇负责。

↗ 实验前准备
直接采用前述完成供应链初始化的账套。

↗ 实验数据
(1) 供应商供货信息如表 5-10 所示。

表 5-10　供应商供货信息

物料代码	物料名称	供应商	最小采购批量	供应商配额
03.01	数码相机芯片	绵阳电子	10	100%
03.02	数码相机控制器	绵阳电子	10	40%
03.02	数码相机控制器	佛山通讯	10	60%
03.03	数码相机外壳	佛山通讯	10	50%
03.03	数码相机外壳	美国高盛	10	50%
03.04	MP3 芯片	绵阳电子	10	100%
03.05	MP3 面板	美国高盛	10	100%

(2) 采购价格如表 5-11 所示。

表 5-11　采购价格

物料代码	物料名称	供应商	订货量	报价	折扣率	最高限价
03.01	数码相机芯片	绵阳电子	1~50	500	0	510
03.01	数码相机芯片	绵阳电子	51~10 000	480	0	510
03.02	数码相机控制器	绵阳电子	0	100	0	110
03.02	数码相机控制器	佛山通讯	1~100	90	0	110

(续表)

物料代码	物料名称	供应商	订货量	报价	折扣率	最高限价
03.02	数码相机控制器	佛山通讯	101~10 000	90	10%	110
03.03	数码相机外壳	佛山通讯	0	50	0	50
03.03	数码相机外壳	美国高盛	0	50	0	50
03.04	MP3 芯片	绵阳电子	0	600	0	600
03.05	MP3 面板	美国高盛	0	10	0	10

计量单位采用默认计量单位，单价类型都为采购单价，币别为人民币，生效日期为 2015 年 1 月 1 日。

↗ 操作指导

1．设置供应商供货信息

以采购员胡开林的身份登录金蝶 K/3 主控台，执行【系统设置】－【基础资料】－【采购管理】－【供应商供货信息维护】命令，打开【供应商供货信息】对话框，单击【物料】，按照提供的实验数据正确输入，如图 5-22 所示。

图 5-22 供应商供货信息

注意

一个物料的所有供应商配额之和应小于等于 100%。

2. 设置采购价格

执行【系统设置】—【基础资料】—【采购管理】—【采购价格管理】命令，打开【系统基本资料(采购价格管理)】对话框，如图 5-23 所示，单击【物料】，按照提供的实验数据正确输入。

图 5-23 采购价格管理

注意

① 如果采购报价没有数量段的差别，则可以默认为 0，不用修改。
② 采购单价是否含税，根据【系统设置】—【系统设置】—【采购管理】—【系统设置】—【采购系统选项】中的【采购价格管理资料含税】选项决定。

3. 设置采购最高限价

在【系统基本资料(采购价格管理)】对话框，单击【限价】按钮，打开【供应商供货最高限价】对话框，如图 5-24 所示，按照提供的实验数据设置采购最高限价。

4. 审核采购报价

采购员胡开林输入完采购基础信息资料后，采购部经理李大勇需要对胡开林的工作进行审核。以李大勇的身份登录金蝶 K/3 主控台，执行【系统设置】—【基础资料】—【采购管理】—【采购价格管理】命令，进入【系统基本资料(采购价格管理)】窗口，逐条审核胡开林输入的数据。若数据无误，单击【审核】按钮，完成操作。

图 5-24 采购限价

实验二 业务流程定义

由于采购业务涉及的环节、部门繁多，进行采购业务流程的定义，主要是为了规范采购环节各个部门的职责和任务，保证采购业务有序、规范地进行，从而避免采购过程中采购人员胡乱采购、仓库人员随便收货等现象发生。

↗ 应用场景
确定采购过程中各种单据的流转顺序。

↗ 实验步骤
采购业务流程的设置。

↗ 操作部门及人员
由采购经理李大勇定义采购业务流程。

↗ 实验前准备
直接采用前述完成供应商管理信息设置的账套。

↗ 实验数据
为了简化操作，减少工作量，决定正常采购流程包括：采购申请→采购订货→仓库收货→财务记账 4 个环节。采购申请单手工输入，其他环节单据都根据上一环节单据关联生成。

↗ 操作指导
以采购经理李大勇的身份登录金蝶 K/3 主控台，执行【系统设置】－【系统设置】－

【采购管理】-【业务流程设计】命令,打开【系统基本资料(业务流程自定义)】对话框,如图 5-25 所示。按照以下顺序进行设置。

图 5-25 业务流程定义

(1) 采购订单中的源单单据是采购申请单,并且是必选。
(2) 外购入库单中的源单单据是采购订单,仅是蓝字必选。
(3) 购货发票(专用)中的源单单据是外购入库/委外加工入库,仅是蓝字必选。

实验三 请购申请

↗ 应用场景

请购申请是各业务部门根据实际情况,向上级业务主管或部门提出购货申请、并请批准采购的业务流程。

↗ 实验步骤

- 采购申请单的输入。
- 采购申请单的审核。

↗ 操作部门及人员

在诚信电子公司,原材料的采购申请一般由车间工人胡兵、赵武提出,车间主任张二柱、朱铁审核。

↗ 实验前准备

直接采用前述完成业务流程定义的账套。

实验数据

(1) 2015 年 2 月 1 日,一车间胡兵提出采购 MP3 芯片及面板各 100 个。

(2) 2015 年 2 月 1 日,二车间赵武提出采购数码相机芯片、数码相机控制器及数码相机外壳各 50 个。

(3) 2015 年 2 月 3 日,采购员胡开林提出采购 MP3 芯片、数码相机芯片各 10 个供宣传使用。

操作指导

1. 输入采购申请单

以一车间胡兵的身份登录金蝶 K/3 主控台,执行【供应链】—【采购管理】—【采购申请】—【采购申请单-新增】命令,打开【采购申请单-新增】对话框,按照提供的实验数据正确输入。

> 应区分"建议采购日期"、"提前期"、"到货日期"含义的不同。到货日期=建议采购日期+提前期。

2. 审核采购申请单

以一车间主任张二柱的身份登录金蝶 K/3 主控台,审核胡兵提交的采购申请单。执行【供应链】—【采购管理】—【采购申请】—【采购申请单-维护】命令,弹出【条件过滤】对话框。单击【确定】,进入【申请单序时簿】窗口,逐条审核胡兵输入的采购申请单,若数据无误,单击【审核】,完成操作。结果如图 5-26 所示。

图 5-26 审核采购申请单

参考上述操作步骤，完成赵武的采购申请及朱铁的采购申请审核操作。

3. 采购部的采购申请操作

采购部的采购申请操作参照上述介绍完成。胡开林先完成采购申请单，李大勇对申请单进行审核。

实验四 采购订货

> **应用场景**

购销双方共同签署协议以确认采购活动。

> **实验步骤**

- 采购订单的多级审核设置。
- 采购订单的录入。
- 采购订单的审核。

> **操作部门及人员**

在诚信电子公司，采购合同(订单)一般由采购员胡开林整理，限额内采购由采购经理李大勇审核，超出限额，还需经财务部经理许静审核。采购订单的审核规范由财务部经理许静确定。

> **实验前准备**

直接采用前述完成采购申请单输入的账套。

> **实验数据**

(1) 采购订单的多级审核规则。

采购订单 5 万元(含)以下，直接由采购经理李大勇审核即可，超出限额，还需经财务部经理许静审核。

(2) 采购订单。

根据业务部门的采购请求，采购部门进行汇总。2015 年 2 月 2 日(交货日期 2015-02-28)采购员胡开林提出向绵阳电子采购 MP3 芯片 110 个，数码相机芯片 60 个，数码相机控制器 50 个，向美国高盛采购 MP3 面板 100 个，数码相机外壳 50 个。

> **操作指导**

1. 设置采购订单多级审核规则

以财务部经理许静的身份登录金蝶 K/3 主控台，执行【系统设置】—【系统设置】—【采购管理】—【多级审核管理】命令，打开【系统基本资料(多级审核管理)】对话框，选择"采购订单",单击【管理】,进入【采购订单多级审核设置】窗口,如图 5-27 所示。

图 5-27 采购订单多级审核

(1) 选择【进行多级审核控制】选项。

(2) 多级审核级次设为 2 级。

(3) 为简化起见,不选择【启用工作流】,否则,在 K/3 系统主界面右下角,系统会自动输出当前应处理任务的提示信息。

(4) 选择【按金额确认多级审核】、【按金额确定审核级次】、【审核时必须逐级进行】、【修改无须反审核到最低一级审核】,其他选项不选。一级审核人是李大勇,最大审批限额是 50 000,二级审核人是许静。

2. 输入采购订单

以采购员胡开林的身份登录金蝶 K/3 主控台,执行【供应链】—【采购管理】—【采购订单】—【采购订单-新增】命令,打开【采购订单-新增】对话框。选择源单类型为【采购申请单】,在【选单号】处,按 F7 键进入【采购申请单序时簿】窗口进行选单,通过 Shift 键选择多条记录，单击【返回】，系统自动携带选中的记录，按照提供的实验数据进行修改。

注意

> 一张采购订单只能有一个供应商，可以先输入供应商绵阳电子的订单。

采购类单据中一般部门为采购部，业务员是胡开林，有关单据录入的内容不再多讲。

3. 审核采购订单

以采购经理李大勇的身份登录金蝶 K/3 主控台，执行【供应链】—【采购管理】—【采购订单】—【采购订单-维护】命令，弹出【条件过滤】对话框。单击【确定】，进入【采购订单序时簿】窗口，逐条审核胡开林输入的采购订单，若数据无误，单击【审核】，完成操作。如果单据金额超过了审核限额，还需由财务经理审核。以财务经理许静的身份登录金蝶 K/3 主控台，审核采购订单，结果如图 5-28 所示。

图 5-28　采购订单

参考上述操作步骤，完成供应商美国高盛的订单。

↗ 输出表单

单据只是业务执行过程中的一些凭据,要对业务发生的全过程进行有效的监控还需借助各种报表。

执行【供应链】-【采购管理】-【报表分析】-【采购订单明细表】命令,可以随时知悉每一笔采购业务所处的业务环节。

执行【供应链】-【采购管理】-【报表分析】-【采购订单 ABC 分析】命令,可以了解企业与每一个供应商交易的金额,以及在总采购金额中的比重。

实验五　仓库收货

↗ 应用场景

收货是确认货物入库的过程,不仅体现了货物转移,同时也是所有权实际转移的重要标志。

↗ 实验步骤

- 外购入库单的输入。
- 外购入库单的审核。

↗ 操作部门及人员

原材料的采购入库由仓库管理员曹敏负责,进出库业务单据的审核由仓储部经理赵力负责。

↗ 实验前准备

直接采用前述完成采购订单输入的账套。

↗ 实验数据

采购部门于 2015 年 2 月 2 日向绵阳电子订购 MP3 芯片 110 个,数码相机芯片 60 个,数码相机控制器 50 个(批号 20150227);向美国高盛采购 MP3 面板 100 个,数码相机外壳 50 个。这些原材料于 2015 年 2 月 27 日到货,入西区库。

↗ 操作指导

1. 录入外购入库单

仓库管理员曹敏登录金蝶 K/3 主控台,执行【供应链】-【采购管理】-【外购入库】-【外购入库单-新增】命令,打开【外购入库单-新增】对话框。选择源单类型为【采购订单】,在【选单号】处,单击 F7 键进入【采购订单序时簿】窗口进行选单,通过 Shift 键选择多条记录,单击【返回】,系统自动携带选中的记录,按照提供的实验数据进行修改。

> **注意**
> ① 由于采购方式是赊购，注意输入往来科目：2202。
> ② 同一个供应商提供的原材料才能录在同一张入库单中。

2. 审核外购入库单

以仓储部经理赵力的身份登录金蝶 K/3 主控台，执行【供应链】—【采购管理】—【外购入库】—【外购入库单-维护】命令，弹出【条件过滤】对话框。单击【确定】，进入【外购入库序时簿】窗口，逐条审核曹敏输入的外购入库单，若数据无误，单击【审核】，完成操作，结果如图 5-29 所示。

图 5-29　外购入库单

→ **输出表单**

执行【供应链】—【采购管理】—【库存查询】—【即时库存查询】命令，可以随时了解每个仓库每种物料的库存数量。

实验六　财务记账

→ **应用场景**

接收供应商的发票，并据以支付货款、记账、进行税款抵扣。

↗ 实验步骤

- 采购发票的输入。
- 采购发票的审核。
- 采购发票和外购入库单的勾稽。

↗ 操作部门及人员

采购发票的财务处理由往来账会计马秀伟兼任，采购发票的审核、勾稽由财务部经理许静负责。

↗ 实验前准备

直接采用前述完成外购入库单输入的账套。

↗ 实验数据

2015年2月28日，财务部收到寄来的2015年2月2日向绵阳电子及美国高盛公司订购原材料(2月27日入库)的增值税发票。其中，绵阳电子还寄来了附带的费用发票，计1 500元，税率为10%。

↗ 操作指导

1. 录入采购发票

往来账会计马秀伟登录金蝶K/3主控台，执行【供应链】－【采购管理】－【采购发票】－【采购发票-新增】命令，打开【购货发票(专用)-新增】对话框，选择源单类型为【外购入库单】，在【选单号】处，单击F7键进入【外购入库序时簿】窗口进行选单。通过Shift键选择多条记录，单击【返回】，系统自动携带选中的记录，按照提供的实验数据进行修改。

执行【供应链】－【采购管理】－【费用管理】－【费用发票-新增】命令，打开【费用发票-新增】对话框。在费用代码栏，单击F7键进入【核算项目-费用】对话框，单击【新增】，新增001运输费，选中新增的运输费，双击返回录入单据对话框，按照提供的实验数据录入其他信息。

注意

① 由于采购方式是赊购，必须输入往来科目：2202。
② 费用发票应用于运输单位开给购货单位或加工单位开给来料单位等，是用于付款、记账的依据。一般来说，费用发票可以通过手工录入、采购发票连属等途径生成。

2. 审核发票

财务部经理许静登录金蝶 K/3 主控台,执行【供应链】-【采购管理】-【采购发票】-【采购发票-维护】命令,弹出【条件过滤】对话框。单击【确定】,进入【采购发票序时簿】窗口,逐条审核往来账会计马秀伟输入的采购发票,若数据无误,单击【审核】,完成操作,结果如图 5-30 所示。同样,审核费用发票。

图 5-30　审核采购发票

3. 勾稽发票和外购入库单

财务部经理许静登录金蝶 K/3 主控台,执行【供应链】-【采购管理】-【采购发票】-【采购发票-维护】命令,弹出【条件过滤】对话框,单击【确定】,进入【采购发票序时簿】窗口。选中要勾稽的发票(绵阳电子),单击【勾稽】,打开【采购发票勾稽】对话框,选择本次参与勾稽的采购发票、费用发票和对应的外购入库单,输入本次的勾稽数量,再单击【勾稽】,完成操作。在如图 5-31 所示的界面中可以查看勾稽的结果。

参考上述操作,完成美国高盛的发票录入、审核及勾稽。

▶ 输出表单

执行【供应链】-【采购管理】-【报表分析】-【采购明细表】命令,可以查看采购发票和外购入库单的匹配情况。

此外，还有采购价格分析等，不再一一列举。

图 5-31 勾稽日志

实验七　采购退货

↗ 应用场景
采购过程中，发生退货时的处理。

↗ 实验步骤
- 采购退货单的输入及审核。
- 红字发票的输入及审核。
- 红字发票与采购退货单的勾稽。

↗ 操作部门及人员
原材料的采购退货由仓库管理员曹敏负责，进出库业务单据的审核由仓储部经理赵力负责。

红字发票的处理由往来账会计马秀伟负责，采购发票的审核、勾稽由财务部经理许静负责。

↗ 实验前准备
直接采用前述完成实验六的账套。

实验数据

2015 年 2 月 28 日,因为质量问题退回向美国高盛采购的 MP3 面板 10 个,并于当日收到美国高盛公司开具的红字发票。

操作指导

1. 输入采购退货单及审核

在系统中,通过红字外购入库单来表示采购退货。

仓库管理员曹敏登录金蝶 K/3 主控台,执行【供应链】—【采购管理】—【外购入库】—【外购入库单-新增】命令,打开【外购入库单-新增】对话框,单击【红字】,按照提供的实验数据进行输入。

仓储部经理赵力审核曹敏输入的红字外购入库单,结果如图 5-32 所示。

图 5-32 采购退货

2. 输入红字发票及审核

往来账会计马秀伟登录金蝶 K/3 主控台,执行【供应链】—【采购管理】—【采购发票】—【采购发票-新增】命令,打开【购货发票(专用)-新增】对话框,单击【红字】,按照提供的实验数据进行输入。

财务部经理许静审核往来账会计马秀伟输入的红字发票,如图 5-33 所示。

图 5-33 红字发票

3. 勾稽红字发票与采购退货单

参考蓝字发票的勾稽,读者可自己练习。

上述实验做完后,备份账套,备份文件名为"F 诚信电子公司(采购处理)"。

除了前述介绍的普通采购业务流程外,由于收到货物的时间和进行财务处理的先后不同会产生其他各种应用流程。以下为大家例举其他几类,请注意其中的细微差别。

实验八 分次收货采购

↗ 应用场景

先分次收货,再根据汇总的发票进行付款。注意单据的多次关联操作。

↗ 应用流程

该实验练习的应用流程如图 5-34 所示。

图 5-34 分次收货采购流程

➚ **实验步骤**
- 采购申请单的输入及审核。
- 采购订单的输入及审核。
- *收料通知单的输入及审核。*
- *外购入库单的输入及审核。*
- 采购发票的输入及审核。
- 采购发票和外购入库单的勾稽。
- 付款单的输入及审核(应付系统处理)。
- 付款单和采购发票的核销(应付系统处理)。

说明

以斜体字显示的步骤要操作多次。

➚ **操作部门及人员**
涉及采购、仓管、财务多个环节，大家按各自的角色进行操作。

➚ **实验前准备**
直接采用前述操作的账套。

➚ **实验数据**
2015年2月8日，采购部向佛山通讯订购数码相机控制器100个，单价500元，货物分别在同月10日收到30个，12日收到70个。月末财务收到佛山通讯开出的增值税发票。

➚ **操作指导**
参考前述所有单据的操作讲解完成。
如果当月收到采购发票，则将多张入库单和采购发票一起勾稽。如果没收到发票，则所有入库单需进行暂估入库处理。

实验九 受托代销

↗ 应用场景

主要用于代其他公司销售商品。收到代销商品时,先放入代管仓。根据实际销售的数量情况,先做同样数量的采购入库,同时再做销售出库,未销售完成的商品退回受托方。

↗ 应用流程

该实验练习的应用流程如图 5-35 所示。

图 5-35 受托代销流程

↗ 实验步骤

- 收料通知单的输入及审核。
- 外购入库单的输入及审核。
- 采购发票的输入及审核。
- 采购发票和外购入库单的勾稽。
- 销售出库单的输入及审核。
- 销售发票的输入及审核。
- 销售发票和销售出库单的勾稽。
- 收款单的输入及审核(应收系统处理)。
- 付款单的输入及审核(应付系统处理)。
- 收款单和销售发票的核销(应收系统处理)。
- 付款单和采购发票的核销(应付系统处理)。
- 退料通知单的输入及审核。

↗ 操作部门及人员

涉及采购、销售、仓管、财务多个环节,大家按各自的角色进行操作。

↗ 实验前准备

直接采用前述操作的账套。

↗ 实验数据

2015 年 2 月 8 日,收到受托方佛山通讯发来的数码相机控制器 100 个,单价 500 元,2015

年 2 月 28 日代销给香港中环公司 80 个，单价 800 元。月末将未销完的货品退回受托方。

> **操作指导**

参考前述所有单据的操作讲解完成。

实验十　代管物资

> **应用场景**

该流程一般适用于有长期业务关系的商家，代为暂时保管商品。代为保管商品时，一般只核算商品的数量，不关注商品的质量或价格。在系统中则是通过虚仓管理来与正常的商品出入库操作进行区分。

> **应用流程**

该实验练习的应用流程如图 5-36 所示。

图 5-36　代管物资流程

> **实验步骤**

- 收料通知单的输入及审核。
- 退料通知单的输入及审核。

> **操作部门及人员**

只涉及仓管环节。

> **实验前准备**

直接采用前述操作的账套。

> **实验数据**

2015 年 2 月 8 日，委托绵阳电子发来的代管物资 MP3 芯片 100 个，入代管库。

> **操作指导**

参考前述所有单据的操作讲解完成。

5.3　销售管理

5.3.1　系统概述

销售管理系统通过各种销售业务单据的处理，配合仓存系统、应收款管理系统，对销售合同的签订、销售商品的出库、销售发票的管理、货款的收取等销售全过程进行有效的控制和跟踪，通过客户管理、价格管理、信用管理等实现完善的企业存货销售管理。

1. 销售系统基本业务处理流程

一个完整的销售业务流程通常包括以下 7 个环节。

报价管理→签订合约→组织生产(或采购)→产品检验入库(或外购入库)→仓库发货→财务记账→出纳收款

其中：
(1) 报价管理、签订合约在销售系统完成。
(2) 生产在生产管理系统完成，采购在采购系统完成。
(3) 产品检验在质量管理系统完成，产品入库在仓存系统完成。
(4) 仓库发货前的检验在质量管理系统完成，销售出库在销售系统，也可以在仓存管理系统完成。
(5) 财务记账业务中，发票和出库单的勾稽核对在销售系统完成，登记应收账款信息在应收系统完成，销售出库商品的成本核算及凭证处理在核算管理系统完成。
(6) 出纳收款在应收系统完成。

销售业务的完成涉及多个信息系统，下面先介绍在金蝶 K/3 销售管理系统处理的业务部分，如图 5-37 所示。

图 5-37　销售系统业务处理流程

与采购系统相类似，销售系统最关键的操作也是：单据输入、单据审核及勾稽。

2. 重点功能概述

虽然销售系统关键的操作是单据输入、审核及勾稽，但只能满足日常核算的需要，要真正管理好销售业务，还需更多的高端管理功能。金蝶 K/3 销售系统提供的重点管理功能有：

(1) 销售价格管理

销售价格管理是企业重要的销售政策之一，灵活的价格调整体系可以满足快速多变的市场需求，严密的价格控制手段可以保证企业销售政策的有效执行。K/3供应链的销售价格管理给用户提供了一个有效的工具。

销售价格管理的应用主要体现在以下五个方面。

第一，如果启用了销售价格管理，销售类单据新增时，商品的销售单价可以自动从系统设定的价格政策中提取，避免了人为操纵销售单价的风险。

第二，如果单据中商品的销售价格低于价格政策中设定的最低销售价，系统会进行报警提示。

第三，如果参数中设置了"销售订单保存时自动更新销售价格"，则新增销售订单时，系统会根据单据中客户、存货等信息，匹配销售价格的报价和折扣率，自动更新价格政策中原有的销售报价。这样，可以有效保证价格政策的实时性。

第四，在销售类单据界面，可以查询到以往销售的历史价格，有助于销售人员判断销售的商品价格是否合理。

第五，可以进行可销物料的控制。即可以设定某些商品只能对某些指定的客户销售。

(2) 信用管理

赊销目前已经成为各行业市场中主要的交易方式。作为一种有效的竞争手段和促销手段，赊销能够为企业带来巨大利润。同时，伴随着赊销产生的商业信用风险以及对这种风险的管理就变得越来越重要。K/3供应链系统提供了完善的信用管理功能，具体包括：

第一，在销售类单据新增时，系统会针对不同信用对象(客户、职员)进行信用的控制。如控制客户的信用额度是否超过规定标准等。

第二，进行应收账款预警。体现在登录销售系统时，系统自动列示所有超过信用期限的未收货款的销售发票。

第三，根据客户的付款时间，自动计算客户可以享受的现金折扣。

第四，在销售类单据输入时，可以通过快捷键Shift+F8随时查询客户的资信状况，以事前规避坏账可能发生的风险。

第五，提供各种信用报表查询，从中进行总结以便作出决策。

3. 与其他系统的关系

销售系统与其他系统的关系如图5-38所示。

图 5-38　销售系统关系图

(1) 销售前台的销售日报表、销售单等可以及时传递到销售管理系统，进行各种销售数据的实时分析(虚线模块在本书中不做介绍)。

(2) 销售系统中的销售发票可以直接传递到应收系统作为确认应收的依据，应收类型的销售费用发票在保存时传递到应收系统转换为其他应收单。

(3) 销售系统的销售出库单也是仓存系统中一种重要的库存交易单据，它会更新相应仓库的即时库存。

(4) 当销售发票和销售出库单钩稽(即互相核对)后，即可以在核算管理系统进行销售出库成本的核算处理，计算出的销售成本可以反填到销售出库单中进行会计凭证的处理。

此外，销售订单是计划系统的主要需求来源之一。销售订单可以作为 MPS 和 MRP 计算的输入；生产任务单和委外加工生产任务单可以根据销售订单生成，处理以销定产的业务；采购系统可以根据销售订单生成采购订单从而处理以销定购的业务。

5.3.2　销售管理实验练习

实验一　销售价格管理

在进行销售日常业务操作之前，先要进行销售价格政策的设置。进行销售价格管理是为了响应销售价格随实际情况实时变化的需要，同时，也是为了满足最低销售限价的控制，从而使企业的销售收入最大化。

➤ 应用场景

对销售的价格进行控制指导。

➤ 实验步骤
- 价格参数的设置。
- 销售价格的设置。
- 销售限价的设置。

➤ 操作部门及人员

在诚信电子公司所有的销售资料、销售单据的输入由销售员李强负责。

📌 **实验前准备**

直接采用前述完成采购业务操作的账套或恢复前述备份账套"F 诚信电子公司(采购处理)"。

📌 **实验数据**

(1) 价格参数如表 5-12 所示。

表 5-12 价 格 参 数

修改控制	密码控制，密码为 123
价格取数	客户+物料
折扣取数	客户+物料
限价控制	密码控制，密码为 123
应用场景	销售订单
其 他	采用系统默认值，不作更改

(2) 价格政策如表 5-13 所示。

表 5-13 价 格 政 策

代 码	物料名称	订 货 量	报 价	最低限价
01.01	数码相机	1~50	1 500	1 300
01.01	数码相机	51~10 000	1 400	1 300
01.02	MP3	1~100	200	150
01.02	MP3	101~10 000	180	150
01.03	优盘	0	210	200
01.04	移动存储器	0	800	600

- 编号为 001；价格政策名称为 2015 年销售价格(生效日期：2015-01-01)；适合所有客户。
- 所有产品都进行最低价格控制。
- 暂不提供折扣政策(折扣政策的操作与销售价格政策的设置类似，可以参考)。

📌 **操作指导**

1. **设置价格参数**

以销售员李强的身份登录金蝶 K/3 主控台，执行【供应链】—【销售管理】—【价格管理】—【价格参数设置】命令，打开【价格管理选项】对话框，如图 5-39 所示。按照提供的实验数据正确输入。

图 5-39　价格参数

2. 设置销售价格

执行【供应链】—【销售管理】—【价格管理】—【价格政策维护】命令，弹出【过滤】窗口，单击【确定】，进入【价格方案序时簿】窗口。单击【新增】，进入【价格方案维护】窗口，如图 5-40 所示。先录入价格政策编号、名称等表头信息后保存，然后选择客户"001 香港中环公司"，单击【新增】，进入【价格明细维护-新增】对话框，按照提供的实验数据正确输入。设置完毕，单击【保存】。

如果所有客户的价格政策都一样，可以在【价格明细维护[新增]】对话框中，单击【复制】按钮，输入另一个客户代码，如 002，从而快速设置其他客户的价格政策。

图 5-40　价格方案

注意

① 设置每个客户的销售价格政策之前，需要先保存价格政策方案。
② 如果销售报价没有数量段的差别，则可以默认为 0，不用修改。
③ 价格类型选择为空，如果选择零售价，则仅对 POS 系统有效，对销售管理系统的单据无效。

3. 设置销售最低限价

在【价格方案维护】窗口，选择客户"001 香港中环公司"，单击【价控】，进入【价格控制设置】窗口，如图 5-41 所示。按照提供的实验数据正确输入。

图 5-41　销售价格控制

销售最低限价是指企业在销售货物、制定价格政策时所设置的价格底线，如果低于该价格，企业将出现亏损，不能保证基本的销售目的。销售最低限价可以看做是企业销售的盈亏平衡点，销售最低限价的设置有效地保证了企业生产经营目标的实现，体现了 K/3 的企业经营管理思想。

实验二　信用管理

信用管理的目的是在不影响销售的前提下，最大限度地减少企业应收账款发生坏账的风险。

↗ 应用场景
用于对往来账款进行控制，减少坏账发生。

↗ 实验步骤
- 相关基础资料的设置。
- 信用额度的设置。
- 信用额度的应用。

↗ 操作部门及人员
在诚信电子公司，信用管理由往来账会计马秀伟负责。

↗ 实验前准备
直接采用前述操作账套。

↗ 实验数据
香港中环的信用等级是 A 级，信用额度是人民币 100 000 元；浦东金茂的信用等级是 A 级，信用额度是人民币 30 000 元；北方高科的信用等级是 B 级，信用额度是人民币 10 000 元。对这些公司都不进行信用数量、信用期限的管理。

> 操作指导

1. 结束应收系统的初始化操作

信用管理的目的是减少应收账款,所以在使用信用管理功能时,必须首先完成应收系统的初始化操作。前述我们已经介绍了应收系统的初始化操作。

2. 相关基础资料的设置

往来账会计马秀伟登录金蝶 K/3 主控台,执行【系统设置】-【基础资料】-【公共资料】-【客户】命令,打开【基础平台-[客户]】对话框。选择需要进行信用管理的客户,单击【属性】,打开【客户-修改】对话框,在客户的属性设置中,选择需要进行的信用管理。

3. 信用额度的设置

执行【供应链】-【销售管理】-【信用管理】-【信用管理维护】命令,打开【系统基本资料(信用管理)】对话框,选择客户"001 香港中环公司",可以看到,香港中环已有应收款余额 1 000 元,这是应收系统初始化时输入的数据。销售和应收系统的数据互相共享,保证了信用管理的正常使用。先单击【启用】,启用信用额度管理。再单击【管理】,按照提供的实验数据设置每一个客户的信用额度,如图 5-42 所示。

图 5-42 信用管理

① 信用额度:即能够允许当前客户的最大欠款金额。当签订销售订单时如果超过了规定的信用额度即进行信用控制。

② 信用数量:当前客户针对每个物料所能赊销购进的最大数量。

③ 信用期限:企业允许客户从购货到付款之间的时间。一般情况下,为了销售的需要,允许客户有一个付款期限,即信用期限。

4. 信用参数的设置

在【系统基本资料(信用管理)】对话框，单击【工具】菜单的【选项】，可设置信用参数。如信用管理对象：客户；信用控制强度：取消交易；信用管理选项：不选。

选择"浦东金茂公司"，单击【工具】菜单的【公式】菜单项，还可以设置信用的计算公式，如图 5-43 所示。如信用控制单据为销售订单，控制时点为保存时控制，信用额度＝当前单据金额＋所有选项。

图 5-43　信用公式

5. 信用额度的应用

新增一张销售订单，如 2015-02-01，销售给浦东金茂 100 台数码相机，保存时系统会提示超出信用额度，不能保存。

> **输出表单**

执行【供应链】—【销售管理】—【报表分析】—【信用额度分析】命令，可以掌握每一个客户的信用额度、已经使用的信用额度，以及还能使用多少信用额度。

实验三　销售业务流程定义

销售业务流程与采购类似，这里只列出数据，大家自己练习。

> **实验数据**

正常销售流程包括：签订销售订单→仓库发货→财务记账 3 个环节，下一环节单据可以根据上一环节单据关联生成。具体为：
(1) 销售出库单中的源单单据是销售订单，仅是蓝字必选。
(2) 销售发票(专用)中的源单单据是销售出库单，仅是蓝字必选。

实验四　签订销售订单

↗ 应用场景

经过多轮的商务谈判，如果达成协议，此时就要签订销售合约，即通常销售业务中的销售合同或销售订单。对于中小型企业，一般直接采用销售订单。销售订单是仓库发货的依据。

↗ 实验步骤

- 销售订单的输入。
- 销售订单的审核。

↗ 操作部门及人员

在诚信电子公司，所有的销售资料、销售单据的输入由销售员李强负责，所有销售类资料及单据的审核由销售部经理王池负责。

↗ 实验前准备

直接采用前述操作的账套。

↗ 实验数据

根据几轮的商务谈判，香港中环决定采购 MP3(黑色)100 个，于 2015-02-10 日正式签订协议，要求在 2015 年 2 月 15 日前交货，2015 年 2 月 20 日结算。

↗ 操作指导

1. 输入销售订单

李强登录金蝶 K/3 主控台，执行【供应链】－【销售管理】－【销售订单】－【销售订单-新增】命令，打开【销售订单-新增】对话框，按照提供的实验数据进行修改。

注意

　　销售类单据中一般部门为销售部，业务员是李强，下面的单据录入不再多讲。

2. 审核销售订单

王池登录金蝶 K/3 主控台，执行【供应链】—【销售管理】—【销售订单】—【销售订单-维护】命令，弹出【条件过滤】对话框，单击【确定】，进入【销售订单序时簿】窗口。逐条审核李强输入的销售订单，若数据无误，单击【审核】，完成操作，结果如图 5-44 所示。

图 5-44 审核销售订单

↗ **输出表单**

销售是企业至关重要的环节，由此系统提供的各种报表也较为丰富。

执行【供应链】—【销售管理】—【销售订单】—【销售订单执行明细表】命令，可以随时获悉每一笔销售业务所处的业务环节。

执行【供应链】—【销售管理】—【销售订单】—【销售订单统计表】命令，可以了解每一种产品的销售订货情况。

实验五　仓库发货

↗ **应用场景**

当客户订单交期来临时，仓库管理人员需要根据销售人员提供的单据进行发货，待实际出库后，填制销售出库单。销售出库单是商品出库的业务凭证，也是客户据以提货的凭据。

> **实验步骤**
- 销售出库单的输入。
- 销售出库单的审核。

> **操作部门及人员**

产品的销售出库由仓库管理员曹敏负责,进出库业务单据的审核由仓储部经理赵力负责。

> **实验前准备**

直接采用前述操作账套。

> **实验数据**

仓管人员根据 2015-02-10 日签订的销售协议,于 2015 年 2 月 14 日向香港中环发出 MP3(黑色)100 个。

> **操作指导**

1. 输入销售出库单

仓库管理员曹敏登录金蝶 K/3 主控台,执行【供应链】—【销售管理】—【销售出库】—【销售出库-新增】命令,打开【销售出库-新增】对话框。选择源单类型为【销售订单】,在【选单号】处,单击 F7 键进入【销售订单序时簿】窗口进行选单。可以通过 Shift 键选择多条记录,单击【返回】,系统自动携带选中的记录,按照提供的实验数据进行修改。

2. 审核销售出库单

以仓储部经理赵力的身份登录金蝶 K/3 主控台,执行【供应链】—【销售管理】—【销售出库】—【销售出库-维护】命令,弹出【条件过滤】对话框,单击【确定】,进入【销售出库单序时簿】窗口,逐条审核曹敏输入的销售出库单,若数据无误,单击【审核】,完成操作,结果如图 5-45 所示。

> **输出表单**

执行【供应链】—【销售管理】—【销售出库】—【销售出库明细表】命令,可以随时了解对应每一个客户的发货记录。

图 5-45 销售出库单

实验六 财务记账

↗ 应用场景

销售出库后,企业需要开给客户相关的出货证明,上面记载货物名称、单价、数量、总价、税额等资料,据以收取货款。

↗ 实验步骤

- 销售发票的输入。
- 销售发票的审核。
- 销售发票和销售出库单的勾稽。
- 销售成本核算(在核算管理系统讲解)。
- 销售业务凭证制作(在核算管理系统讲解)。

↗ 操作部门及人员

销售发票的财务处理由往来账会计马秀伟兼任,销售发票的审核、勾稽由财务部经理许静负责。

↗ 实验前准备

直接采用前述操作账套。

第 5 章　供应链及应收应付系统

> 实验数据

2015 年 2 月 15 日，仓库发货后，财务部开出增值税发票给香港中环公司，包括 2015 年 1 月发出的优盘一起合并开票。

> 操作指导

1. 输入销售发票

往来账会计马秀伟登录金蝶 K/3 主控台，执行【供应链】－【销售管理】－【销售发票】－【销售发票-新增】命令，打开【销售发票(专用)-新增】对话框。选择源单类型为【销售出库单】，在【选单号】处，单击 F7 键进入【销售出库序时簿】窗口进行选单，可以通过 Shift 键选择多条记录，单击【返回】，系统自动携带选中的记录，按照提供的实验数据进行修改。

注意

由于销售方式是赊销，必须输入往来科目：1122。

2. 审核销售发票

财务部经理许静登录金蝶 K/3 主控台，执行【供应链】－【销售管理】－【销售结算】－【销售发票-维护】命令，弹出【条件过滤】对话框。单击【确定】，进入【销售发票序时簿】窗口，逐条审核往来账会计马秀伟输入的销售发票，若数据无误，单击【审核】，完成操作，结果如图 5-46 所示。

图 5-46　销售发票

3. 勾稽销售发票和销售出库单

在【销售发票序时簿】窗口，选中要勾稽的发票，单击【勾稽】，打开【销售发票勾稽】对话框，选择(可以通过 Shift 或 Ctrl 选择多条记录)本次参与勾稽的销售发票、费用发票和对应的销售出库单，输入本次的勾稽数量，单击【勾稽】，完成操作。

↗ 输出表单

执行【供应链】－【销售管理】－【销售发票】－【客户单位销售明细表】命令，可以查看销售给每一个客户的商品的品种、数量及金额。

执行【供应链】－【销售管理】－【销售发票】－【销售收入统计表】命令，可以查看每一种商品的销售数量、销售金额及应交增值税的情况。

执行【供应链】－【销售管理】－【报表分析】－【销售毛利润表】命令，可以查看每一种商品的销售数量、销售金额、发出数量、发出商品的成本及销售的毛利。

实验七　销售退货

↗ 应用场景

处理销售业务过程中经常发生退货业务。

↗ 实验步骤

- 销售退货单的输入及审核。
- 红字发票的输入及审核。
- 红字发票与销售退货单的勾稽。
- 销售退货成本核算(在核算管理系统讲解)。
- 销售退货业务凭证制作(在核算管理系统讲解)。
- 退货款的支付(在应收系统讲解)。

↗ 操作部门及人员

商品的退回由仓库管理员曹敏负责，进出库业务单据的审核由仓储部经理赵力负责。

红字发票的处理由往来账会计马秀伟负责，发票的审核、勾稽由财务部经理许静负责。

↗ 实验前准备

直接采用前述操作账套。

↗ 实验数据

2015 年 2 月 20 日，因为质量问题香港中环公司退回 MP3 10 个，财务于收到退回货物当日开出红字发票。

➚ 操作指导

1. 输入销售退货单及审核

在系统中，通过红字销售出库单来表示销售退货。

仓库管理员曹敏登录金蝶 K/3 主控台，执行【供应链】－【销售管理】－【销售出库】－【销售出库-新增】命令，打开【销售出库单-新增】对话框，单击【红字】，按照提供的实验数据进行输入。

仓储部经理赵力审核曹敏输入的红字销售出库单，结果如图 5-47 所示。

图 5-47 销售退货

2. 输入红字发票及审核

往来账会计马秀伟登录金蝶 K/3 主控台，执行【供应链】－【销售管理】－【销售结算】－【销售发票-新增】命令，打开【销售发票(专用)-新增】对话框，单击【红字】，按照提供的实验数据进行输入。

财务部经理许静审核往来账会计马秀伟输入的红字发票，结果如图 5-48 所示。

图 5-48 红字发票

3. 勾稽红字发票与销售退货单

参考蓝字发票的勾稽,读者可以自己练习。

上述实验做完后,备份账套,备份文件名为"F 诚信电子公司(销售处理)"。

除了前述介绍的普通销售业务流程外,由于发出货物的时间和进行财务处理的先后不同会产生其他各种应用流程。我们再给大家例举其他几类,请注意其中的细微差别。以下流程由大家自己练习。

实验八 直运销售

⁂ 应用场景

不涉及商品的进出库,通过转手获取价差。该种方式下,企业接到销售订单后再向供应商订购商品。这种方式能够减少企业的库存资金占用,货物直接由供应商处发往客户处,也可以减少运输成本,但缺点是无法监控货物的质量和数量,容易引起纠纷,此种方式适合有长期合作关系的客户和供应商。

⁂ 应用流程

该实验练习的应用流程如图 5-49 所示。

图 5-49 直运流程

> 实验步骤

- 销售订单的输入及审核。
- 采购订单的输入及审核。
- 采购发票的输入及审核。
- 销售发票的输入及审核。
- 收款单的输入及审核(应收系统处理)。
- 付款单的输入及审核(应付系统处理)。
- 收款单和销售发票的核销(应收系统处理)。
- 付款单和采购发票的核销(应付系统处理)。

> 操作部门及人员

涉及采购、销售、财务多个环节,大家按各自的角色进行操作。

> 实验前准备

直接采用前述操作的账套。

> 实验数据

2015 年 2 月 28 日,香港中环公司要求订购数码相机 100 个,销售价 1 880 元,销售员李强当日即委托佛山通讯直接向香港中环公司发货,月末进行财务结算,并收取或支付货款。

> 操作指导

参考前述所有单据的操作讲解完成。

实验九 委托代销

> 应用场景

委托代销流程和普通销售业务流程类似,不同之处在于销售方式为委托代销方式。同时,需要注意的是,委托代销方式下,勾稽前的销售出库单制作凭证时,先由产成品转入委托代销发出商品。勾稽后的销售出库单制作凭证时,再结转委托代销发出商品。

↗ **应用流程**

该实验练习的应用流程如图 5-50 所示。

图 5-50 委托代销流程

↗ **实验步骤**

- 销售订单的输入及审核。
- 发货通知单的输入及审核。
- 销售出库单的输入及审核。
- 销售发票的输入及审核。
- 销售发票和销售出库单的勾稽。
- 收款单的输入及审核(应收系统处理)。
- 收款单和销售发票的核销(应收系统处理)。

↗ **操作部门及人员**

涉及销售、仓管、财务多个环节,大家按各自的角色进行操作。

↗ **实验前准备**

直接采用前述操作的账套。

↗ **实验数据**

2015 年 2 月 8 日,和香港中环公司签订委托代销合同,委托其代为销售 MP3 100 个,委托代销价 200 元。2015 年 2 月 28 日,香港中环公司全部销售完毕,结算代销款。

↗ **操作指导**

参考前述所有单据的操作讲解完成。

实验十 分期收款销售

↗ **应用场景**

该流程体现的实际业务是:先发货,再分期开票、收款。该种方式下,销售出库时,先由产成品转入分期收款发出商品。勾稽时,将出库单拆分和发票进行核销。

- 应用流程

该实验练习的应用流程如图 5-51 所示。

图 5-51 分期收款销售流程

- 实验步骤
- 销售订单的输入及审核。
- 发货通知单的输入及审核。
- 销售出库单的输入及审核。
- *销售发票的输入及审核。*
- *销售发票和销售出库单的勾稽。*
- *收款单的输入及审核(应收系统处理)。*
- *收款单和销售发票的核销(应收系统处理)。*

 说明

以斜体字显示的几个步骤要操作多次。

- 操作部门及人员

涉及销售、仓管、财务多个环节,大家按各自的角色进行操作。

- 实验前准备

直接采用前述操作的账套。

- 实验数据

2015 年 2 月 8 日,销售部以分期收款方式向香港中环公司销售数码相机 60 个,单价 1 800 元,并约定 2015 年 2 月 20 日收取第一期 30 个的货款,2015 年 3 月 10 日收取剩余货款。仓库同日发货。

- 操作指导

参考前述所有单据的操作讲解完成。

如果当月开出所有销售发票，勾稽时，将出库单和所有销售发票一起进行核销。如果销售发票跨月分几期开出，则勾稽时，将出库单拆分和发票进行核销。

5.4 应收应付管理

5.4.1 系统概述

应收款管理，是指通过销售发票、其他应收单、收款单等单据的记录，对企业的往来账款进行综合管理，及时、准确地给客户提供往来账款余额资料，提供各种分析报表。同时，系统还提供了各种预警、控制功能，如到期债权列表的列示以及合同到期款项列表，帮助企业及时对到期账款进行催收，以防止发生坏账，信用额度的控制有助于企业随时了解客户的信用情况。此外，还提供了应收票据的跟踪管理，企业可以随时对应收票据的背书、贴现、转出、贴现、作废等操作进行监控。

该系统既可独立运行，又可与销售系统、总账系统、现金管理等其他系统结合运用，提供完整的业务处理和财务管理信息。独立运行时，通过与金税系统的接口，可以避免发票的重复录入。

而应付款管理，通过采购发票、其他应付单、付款单等单据的记录，对企业的应付账款进行综合管理，及时、准确地提供与供应商往来的账款余额资料，提供各种分析报表。同时系统还提供了各种预警、控制功能，如到期债务列表的列示以及合同到期款项列表，帮助企业对到期的应付账款提前进行资金筹划，以保证良好的支付信誉。

应付款管理系统既可独立运行，又可与采购系统、总账系统、现金管理等其他系统结合运用，提供完整的业务处理和财务管理信息。

1. 应收应付基本业务处理流程

应收应付业务的处理通常处于完整采购或销售业务的末端，包括以下几个环节。

财务登记应收(应付)款→出纳收(付)款→核销往来账→凭证制作

其中：

(1) 财务一般根据发票或其他应收(付)单，登记应收(付)账，如果应收应付独立使用，则可以直接在应收应付系统输入发票及其他应收(付)单。如果同时启用了供应链系统，则发票直接在供应链系统输入，保存后自动传递到应收应付系统，往来账会计只需添加相关的往来信息即可，同时，应收应付凭证也由供应链系统制作完成后传递到应收应付系统。

(2) 收(付)款单据输入及收(付)款凭证制作则在应收应付系统完成。

K/3 应收业务的处理如图 5-52 所示。

图 5-52 应收业务处理流程

应付业务处理与应收类似，不再赘述。

从图 5-52 中可以看出，应收应付系统最关键的操作是：单据输入、单据审核、单据核销及凭证制作。

2．重点功能概述

应收系统关键的操作是单据输入、审核及核销，其重要功能主要包括以下几个方面。

(1) 与其他系统紧密集成的单据管理

如果启用了销售系统，则销售系统的赊销发票会自动传递到应收系统统计为应收账款，避免了由于业务繁多而漏登或错登应收账款。如果启用了现金管理系统，出纳在现金管理系统录入的收款单可以自动传递到应收系统，保证了业务员随时准确地了解客户的往来款，方便与客户对账，同时也有利于货款的催收。如果没有启用销售或现金管理系统，也可以在应收系统进行发票、收款单的录入，保证了系统单独使用时业务的完整性。

(2) 信用管理

赊销目前已经成为各行业市场中主要的交易方式。作为一种有效的竞争手段和促销手段，赊销能够为企业带来巨大利润，同时，伴随着赊销产生的商业信用风险以及对这种风险的管理就变得越来越重要。K/3 应收管理系统提供了完善的信用管理功能，具体内容如下。

第一，在销售类单据新增时，系统会针对不同信用对象(客户、职员)进行信用的控制，如控制客户的信用额度是否超过规定标准等。

第二，进行应收账款预警。体现在登录销售系统时，系统自动列示所有超过信用期限的未收货款的销售发票。

第三，根据客户的付款时间，自动计算客户可以享受的现金折扣。

第四，在销售类单据输入时，可以通过快捷键 Shift+F8 随时查询客户的资信状况，以事前规避坏账可能发生的风险。

第五，提供各种信用报表查询，从中进行总结以咨决策。

(3) 票据管理

提供全面的商业汇票的业务处理与跟踪管理，应收票据审核后可以自动生成收款单或预收单，参与后续的结算处理；同时，系统支持应收票据的进一步业务处理，帮助企业随时监控应收票据的背书、贴现、收款、作废等业务。

(4) 坏账管理

提供坏账准备的计提、损失和收回的业务和相关的账务处理，对于坏账准备的计提，系统支持备抵法下的销货百分比法、账龄分析法和应收账款百分比法三种计提方法，满足企业灵活的业务需要，帮助企业加强对应收账款的管理。

(5) 往来账款核销处理

往来账款核销最常见的方式就是收款冲抵客户的应收账款，但在现实中，应收账款的核销往往种类繁多。比如 A 欠 B，B 又欠 C，B 建议 A 直接还钱给 C，这就是转销。另外，还可能 A 采购了 B 的一些商品，而 B 也采购了 A 的一些商品，这时候就可能是双方的往来款互抵。在应收系统中，不但提供了收款对应收账款的核销，还提供了应收款与应付款(应付系统)的冲销，应收款的转销(A 转到 B)、预收款冲应收款、收款单与退款单冲销等。

(6) 对账功能

提供应收系统的单据与总账账簿的对账功能，包括按总额对账和按往来科目对账两种方式，帮助企业随时进行业务信息与财务信息的核对，及时发现和遏制业务部门与财务部门之间由于信息不对称造成的账实不符问题。

与应收系统相类似，应付系统的重要功能也包括如下几个方面。

(1) 与其他系统紧密集成的单据管理

如果启用了采购系统，则采购系统的赊购发票会自动传递到应付系统统计为应付账款，避免了由于业务繁多而漏登或错登应付账款。

此外，相对于收款管理，资金的支付要求应更严格，因为资金一旦支付出去，就很难追收。所以在应付款管理系统增加了"付款申请单"单据，要求所有资金的支付必须先要预先申请。如果启用了现金管理系统，应付款管理系统的"付款申请单"可以传递到现金系统，出纳根据付款申请单进行资金的支付处理(现金管理系统的付款单)，而现金管理系统的付款单又可以传递到应付款管理系统进行应付款的冲销处理，保证了采购员随时准确地了解供应商的往来款，方便与供应商对账。如果没有启用采购或现金管理系统，也可以在应付系统直接进行发票、收款单的录入，保证了系统单独使用时业务的完整性。

(2) 票据管理

与应收系统稍有不同的是应付系统的票据仅提供付款、退票操作，因为应付票据一般是由供应商持有，出票人一般只负责在指定日期支付确定的金额，所以应付票据涉及的操作也就只是付款、退票业务。

(3) 往来账款核销处理

与应收系统相类似，不但提供了付款对应付账款的核销，还提供应付款与应收款(应收系统)的冲销，应付款的转销(A转到B)，预付款冲应付款，付款单与退款单冲销等。

(4) 对账功能

提供应付系统的单据与总账账簿的对账功能，包括按总额对账和按往来科目对账两种方式，帮助企业随时进行业务信息与财务信息的核对，及时发现和遏制业务部门与财务部门之间由于信息不对称造成的账实不符问题。

3. 与其他系统的关系

应收应付系统与其他系统的关系如图 5-53 所示。

图 5-53 应收应付系统关系图

(1) 销售系统录入的销售发票可以传入应收款管理系统进行应收账款的核算，同时发票可以和应付款系统进行应收冲应付的核算。

(2) 采购系统录入的采购发票可以传入应付款管理系统进行应付账款的核算，同时发票可以和应收款系统进行应收冲应付的核算。

(3) 应付系统录入的单据可以与应收款管理系统录入的单据进行各种对冲核算。

(4) 现金管理系统可以和应收应付系统进行票据的互相传递。

(5) 应收应付系统生成的往来款凭证可以传递到总账系统。

5.4.2 应收应付管理实验练习

实验一 登记应收款

在销售业务发生的过程中，会有许多不同种类的单据，如销售订单、销售发票、销售出库单等，由于销售发票的权威性(据以纳税的依据)，一般以销售发票作为统计应收账款的依据。

↗ **应用场景**

用于登记、计算客户所欠的所有货款。

↗ **实验步骤**

- 销售发票的查询。
- 其他应收单的新增、审核。

↗ **操作部门及人员**

财务部往来账会计马秀伟负责应收应付系统的业务操作。

↗ **实验前准备**

直接采用前述完成销售业务的账套或恢复前述备份账套"F 诚信电子公司(销售处理)"。

↗ **实验数据**

2015 年 2 月 20 日,应收香港中环公司包装箱款 2 000 元。

↗ **操作指导**

1. 查询销售发票

由于销售系统已经使用,为了保证数据的一致性,所有的销售发票都在销售时输入,应收系统可以自动接收并查看,同时可以根据实际业务需要修改应收系统特有的收款计划栏。此处,不修改销售系统传输的发票,仅供查看。

马秀伟登录金蝶 K/3 主控台,执行【财务会计】—【应收款管理】—【发票处理】—【销售发票-维护】命令,弹出【过滤】对话框。单击【确定】,进入【销售增值税发票序时簿】窗口,查看销售系统传输过来的发票。

2015 年 2 月 15 日,给香港中环公司开出的销售发票。

2015 年 2 月 20 日,给香港中环公司开出的红字发票。

与发票相关的审核、凭证制作也在销售系统处理。但发票和收款单的核销在应收款系统处理。

如果销售系统没有启用,则发票的新增、审核、凭证制作、核销操作都在应收款系统处理。

2. 新增其他应收单

马秀伟登录金蝶 K/3 主控台,执行【财务会计】—【应收款管理】—【其他应收单】—【其他应收单-新增】命令,打开【其他应收单-新增】对话框,如图 5-54 所示。按照提供的实验数据进行输入。

图 5-54 其他应收单

财务部经理许静审核马秀伟输入的其他应收单。

↗ 输出表单

执行【财务会计】－【应收款管理】－【账表】－【应收款明细表】命令，可以查看每一个客户每一笔应收账款的金额。

执行【财务会计】－【应收款管理】－【账表】－【到期债权列表】命令，可以列出所有客户到期的应收账款金额及过期的天数，以方便催款。

实验二 出纳收到货款

在日常贸易过程中，货款的结算方式通常多种多样，如转账支票、本票、信汇、电汇、现金、汇票等。一般情况下，转账支票、本票、信汇、电汇、现金等可以及时转入企业银行账户，而承兑汇票则有一定的兑付期限。所以，收到承兑汇票时可以作为应收票据输入，其他方式的收款凭据则可以直接作为收款单输入系统。

↗ 应用场景

登记、计算客户支付的货款或其他欠款等。

↗ 实验步骤

收款单的新增、审核。

↗ **操作部门及人员**

诚信电子公司的出纳是李梅,财务部主管张婷负责审核出纳的日常工作。

↗ **实验前准备**

直接采用前述操作账套。

↗ **实验数据**

2015 年 2 月 20 日收到香港中环公司的包装箱款 2 000 元(电汇)。

↗ **操作指导**

1. 新增收款单

出纳李梅登录金蝶 K/3 主控台,执行【财务会计】-【应收款管理】-【收款】-【收款单-新增】命令,打开【收款单-新增】对话框,如图 5-55 所示。选择源单类型为【其他应收单据】,在【源单编号】处,单击 F7 键进入【其他应收单】窗口进行选单。可以通过 Shift 键选择多条记录,单击【返回】,系统自动携带选中的记录,按照提供的实验数据进行修改。

图 5-55 收款单

2. 财务部主管张婷审核李梅输入的收款单

张婷登录金蝶 K/3 主控台,执行【财务会计】-【应收款管理】-【收款】-【收款单-维护】命令,弹出【过滤】对话框,单击【确定】,进入【收款单序时簿】列表窗口,逐条审核李梅输入的收款单,确认数据无误,单击【审核】,完成操作。

由于在应收系统的参数设置中,选择了【审核后自动核销】选项,故此,张婷审核收款单后,系统自动将与收款单关联的源单同步核销。如果没选择【审核后自动核销】,也可以在审核后,单击收款单界面的【核销】按钮及时核销,或者通过结算处理(实验四将讲述)进行核销。

↗ 输出表单

执行【财务会计】-【应收款管理】-【分析】-【回款分析】命令,可以查看所有的收款明细,包括交款的客户、金额等。

实验三　出纳收到应收票据

↗ 应用场景
登记、跟踪和管理客户已支付的银行票据。

↗ 实验步骤
- 应收票据的新增。
- 应收票据的审核。
- 应收票据的贴现处理。

↗ 操作部门及人员
诚信电子公司的出纳是李梅,财务部主管张婷负责审核出纳的日常工作。

↗ 实验前准备
直接采用前述操作的账套。

↗ 实验数据

(1) 2015 年 2 月 25 日收到香港中环公司的货款 20 000 元,对方开出的是不带息的银行承兑汇票,票据的签发日期是 2015 年 2 月 25 日,付款期限是 3 个月,即 90 天。

(2) 由于资金紧张,诚信电子公司将刚收到的票据于 2015 年 2 月 26 日到中国银行办理贴现手续,贴现率是 5%。

↗ 操作指导

1. 新增应收票据

出纳李梅登录金蝶 K/3 主控台,执行【财务会计】-【应收款管理】-【票据处理】-【应收票据-新增】命令,打开【应收票据-新增】对话框,如图 5-56 所示,按照提供的实验数据进行输入。

图 5-56 应收票据

2. 财务部主管张婷审核李梅输入的应收票据，许静审核系统自动产生的收款单

张婷登录金蝶 K/3 主控台，执行【财务会计】—【应收款管理】—【票据处理】—【应收票据-维护】命令，弹出【过滤】对话框(事务类型选择【应收票据】)。单击【确定】，进入【应收票据序时簿】列表窗口，逐条审核李梅输入的应收票据，数据无误，单击【审核】按钮，系统自动弹出一个选择对话框。选择【生成收款单】，单击【确定】，即完成应收票据的操作。

由于审核同时还生成了收款单，还需对收款单进行审核操作。

许静登录金蝶 K/3 主控台，参考前述介绍的收款单的审核操作步骤审核系统刚自动生成的收款单。

注意

① 应收票据审核时，自动产生的收款或预收单，主要用于与应收账款进行核销处理。

② 由于制单与审核不能为同一人，系统审核时自动产生的收款单由财务经理许静审核。

3. 应收票据贴现

财务部主管张婷登录金蝶 K/3 主控台，执行【财务会计】－【应收款管理】－【票据处理】－【应收票据-维护】命令，弹出【过滤】对话框。单击【确定】，进入【应收票据序时簿】列表窗口，选中需要贴现的票据，单击【贴现】，如图 5-57 所示。按照提供的实验数据进行输入(结算科目为银行存款—招行—人民币)。

图 5-57 应收票据贴现

➚ 输出表单

执行【财务会计】－【应收款管理】－【票据处理】－【应收票据贴现表】命令，可以查看贴现票据的签发日期、到期日期、贴现日期、贴现净额、贴现利息等信息。

实验四　往来账款核销

➚ 应用场景

统计客户的实际欠款。

➚ 实验步骤

应收账款和收款的核销。

➚ 操作部门及人员

财务部往来账会计马秀伟负责应收应付系统的账款核销操作。

➚ 实验前准备

直接采用前述操作的账套。

➚ 实验数据

2015 年 2 月 15 日，给香港中环公司开出的 22 100 元的蓝字销售发票和 2015 年 2 月 25 日收到的应收票据 20 000 元进行核销，核销金额为 20 000 元。

↗ 操作指导

往来账会计马秀伟登录金蝶 K/3 主控台,执行【财务会计】—【应收款管理】—【结算】—【应收款核销-到款结算】命令,弹出【单据核销】过滤条件框,单击【确定】,进入【应收款管理系统-[核销(应收)]】窗口,如图 5-58 所示。选择本次参与核销的单据,单击【核销】,即完成本次的核销操作。

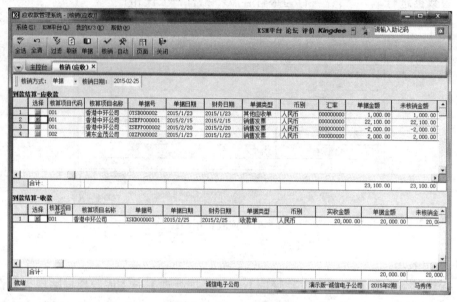

图 5-58　应收账款核销

由于经济业务的复杂性,除了常用的应收款与收款单的核销之外,系统还提供了应收款冲应付款、收款冲付款、应收款转销等多种核销方式,这里不一一介绍。

实验五　坏账处理

↗ 应用场景

用于坏账发生时的各种会计处理。

↗ 实验步骤

- 坏账损失的处理。
- 坏账的计提。
- 坏账凭证的处理。

↗ 操作部门及人员

财务部往来账会计马秀伟负责应收应付系统的坏账业务。

第 5 章 供应链及应收应付系统

↗ 实验前准备

直接采用前述操作的账套。

↗ 实验数据

2015 年 2 月 23 日，应收香港中环公司的往来款 1 000 元由于收款凭据丢失，加之时间过长，收回无望，特申请作为坏账处理。

↗ 操作指导

1. 处理坏账损失及凭证制作

往来账会计马秀伟登录金蝶 K/3 主控台，执行【财务会计】－【应收款管理】－【坏账处理】－【坏账损失】命令，弹出【过滤条件】对话框。

设置核算项目代码为"001"，单据类型为"应收单"。单击【确定】，进入【坏账损失处理】窗口，如图 5-59 所示。选择需要进行坏账处理的记录，再单击【坏账】列下方的方框，再单击【凭证】，弹出【记账凭证-新增】窗口。如果系统自动生成的凭证无误，单击【保存】后返回【坏账损失处理】窗口，即完成坏账损失的处理。

图 5-59 坏账处理

2. 计提坏账准备

往来账会计马秀伟，执行【财务会计】－【应收款管理】－【坏账处理】－【坏账准备】命令，打开【计提坏账准备】对话框，如图 5-60 所示。单击【凭证】，弹出【记账凭证-新增】窗口，如果系统自动生成的凭证无误，单击【保存】后返回，即完成坏账准备计提的处理。

图 5-60 坏账计提

① 坏账业务的所有凭证都不采用凭证模板方式生成。
② 坏账计提可以一年一次，也可以随时计提。

↗ 输出表单

执行【财务会计】—【应收款管理】—【坏账处理】—【坏账计提明细表】命令，可以查看坏账计提的金额等信息。

实验六　凭证制作

↗ 应用场景

用于往来业务的会计处理。

↗ 实验步骤

- 凭证模板的设置。
- 应收系统单据的凭证制作。
- 凭证审核。

↗ 操作部门及人员

财务部往来账会计马秀伟负责应收应付系统的凭证。

↗ 实验前准备

直接采用前述操作的账套。

↗ 实验数据

凭证模板设置如表 5-14 所示。

表5-14 凭证模板

事务类型	科目来源	科 目	借贷方向	金额来源	摘 要
其他应收单	单据上的往来科目		借	应收金额	核算项目
	凭证模板	1002.01.01	贷	应收金额	
收款单	凭证模板	1002.01.01	借	收款单收款金额	核算项目
	单据上的往来科目		贷	收款单收款金额	
收到票据	凭证模板	1121	借	票面金额	核算项目
	单据上的往来科目		贷	票面金额	
应收票据贴现	凭证模板	1002.01.01	借	贴现额	贴现银行
	凭证模板	6603.02	借	贴息	
	凭证模板	1121	贷	票面金额	
	凭证模板	1121	贷	票面利息	

操作指导

1. 设置凭证模板

往来账会计马秀伟登录金蝶 K/3 主控台，执行【系统设置】—【基础资料】—【应收款管理】—【凭证模板】命令，进入【凭证模板设置】窗口，选择【其他应收单】，单击【新增】，弹出【凭证模板】对话框，按如下数据输入信息。

模板编号：0001。模板名称：其他应收单。凭证字：记。如图 5-61 所示。

图 5-61 凭证模板设置

模板设置完毕，单击【保存】。再执行【编辑】—【设为默认模板】菜单命令，将设置好的凭证模板设为生成凭证时的首选模板。

参考刚才的操作步骤依次新增收款单等的凭证模板。

2. 应收系统单据的凭证制作

往来账会计马秀伟执行【财务会计】—【应收款管理】—【凭证处理】—【凭证-生成】命令，在【选择事务类型】对话框中选择【应收票据贴现】选项，单击【确定】，弹出【过滤】框。再单击【确定】，进入【单据序时簿】窗口，如图 5-62 所示。选择需要生成凭证的单据，单击【按单】按钮，系统自动按设置的凭证模板逐张单据生成凭证，如果单击【汇总】，则将所有选中的单据汇总生成一张凭证。

参考刚才的操作步骤依次生成收款单等的凭证。

图 5-62　凭证制作

3. 凭证审核

财务部主管张婷执行【财务会计】—【应收款管理】—【凭证处理】—【凭证-维护】命令，弹出【会计分录序时簿-过滤条件】窗口。单击【确定】，进入【会计分录序时簿(应收)】窗口，如图 5-63 所示。选择需要审核的凭证，单击【审核】，即可审核马秀伟制作的所有凭证。

第 5 章 供应链及应收应付系统

图 5-63 凭证查询

实验七 期末处理

⁊ 应用场景

用于往来业务的会计处理。

⁊ 实验步骤

- 期末对账检查。
- 期末调汇。
- 结账。

⁊ 操作部门及人员

财务部往来账会计马秀伟负责应收应付系统的期末处理。

⁊ 实验前准备

直接采用前述操作的账套。

⁊ 实验数据

无。

⁊ 操作指导

1. 期末对账检查

为了让应收应付系统的数据和总账系统的数据保持一致，需要对两系统的数据进行

133

核对检查。

执行【财务会计】—【应收款管理】—【期末处理】—【期末对账检查】命令，弹出【应收系统对账检查】向导窗口，设置对账的过滤条件，单击【确定】，开始对账检查。

注意

① 应收系统生成的凭证会自动传递到账务系统，一般情况下，应收系统的往来款余额应该与总账系统往来科目的余额保持一致。

② 本案例中，由于发票从供应链系统传入，要在核算管理系统生成凭证，故此时与总账对账可能不平衡。需要等核算管理系统的发票生成凭证后，再进行核对。

与总账对账前，必须确保所有应收系统的相关单据已经生成了凭证。

若对账不平，可从以下几个方面查找原因。

(1) 还有应收单据未生成凭证，造成应收系统有而记录总账系统无的情况。
(2) 应收系统凭证金额与单据金额不一致。
(3) 总账系统存在没有对应单据的往来业务凭证。
(4) 应收系统凭证期间与单据期间不一致。
(5) 应收系统生成的凭证没有审核并过账。

上述实验做完后，备份账套，备份文件名为"F 诚信电子公司(应收应付期末处理)"。

2. 期末调汇

对于有外币业务的企业，在期末如记账汇率有变化，特别是总账系统进行了调汇处理，通常应收应付系统也要进行期末调汇的业务处理。

登录 K/3 系统，执行【财务会计】—【应收款管理】—【期末处理】—【期末调汇】命令，按照系统提示逐步操作。

调汇结束后，如果发现数据有误，可以通过【反调汇】处理。

3. 结账

当本期所有操作完成之后，如对所有单据都进行了审核、核销处理，相关单据已生成了凭证，同时与总账等系统的数据资料已核对完毕，则可以进行应收系统期末结账工作。

执行【财务会计】—【应收款管理】—【期末处理】—【结账】命令，按系统提示操作。结账完成，系统进入下一会计期间。

应付系统的操作和应收系统相类似，此处就不再介绍。

注意

期末结账后,以前期间的数据不能再进行更改,故结账前一定要仔细检查。

如果要修改上一期的数据资料,必须先反结账,但还是建议大家不要轻易进行结账、反结账处理。

5.5 仓存管理

5.5.1 系统概述

仓存管理系统实现出入库单据的处理、商品的批次管理、保质期管理、存量管理等,对存货进出的全过程进行有效控制和跟踪,实现完善的企业仓储信息管理。

同时,该系统还与供应链其他子系统结合运用,提供订单跟踪管理、供应商供货信息管理、销售价格管理、信用管理等。

1. 仓存基本业务处理

仓存业务的处理相对简单,主要是出入库业务的记录,一般由仓管人员负责。具体如图 5-64 所示。

图 5-64 仓存系统业务处理流程

从图 5-64 中可以看出,仓存系统最关键的操作是:单据输入、单据审核及盘点处理。

2. 重点功能概述

仓存系统的操作相对简单，但仓存管理的对象却是企业进行生产发展必不可少的存货资料。金蝶 K/3 仓存系统根据企业的实际应用需要，提供了丰富的仓存管理功能，包括以下四个方面。

(1) 批次管理

批次管理主要用于药品、食品等质量要求严格控制的商品。通过对进出仓库的每一笔存货批次的记录，可以追踪到每一批商品销售的对象、进货的供应商，如果发现某批商品质量有问题，可以及时向销售的客户追回，并退回相应的供应商，或是追究生产人员的责任。

(2) 库龄管理

库龄管理用于统计存货的流转状况，库龄时间越长的商品，周转期越长，针对不同库龄长短的商品企业可以制定不同的销售政策以加速商品的流转。

(3) 保质期管理

质量是企业的生命线，保质期管理的重要性毋庸讳言，通过记录进出库商品的入库日期或生产日期以及保质期时长，正确计算出商品的到期日期，再通过提前期的设置，在商品即将过期前提醒企业进行相关促销、降价的处理，可以有效地减少商品过期带来的损失。

(4) 存量管理

存货的准备并不是越多越好，也不是越少越好。存货太多，占用大量资金，降低资金的使用效率；存货太少，影响企业正常生产。通过存量管理，设置每种存货的最高、最低存量及安全库存量，当超过警戒线时，系统自动提醒企业进行采购处理。

上述各种管理功能的实现都蕴含在日常单据的输入、审核操作中，需要大家用心进行实际练习。

3. 与其他系统的关系

仓存系统与其他系统的关系如图 5-65 所示。

图 5-65　仓存系统关系图

(1) 采购系统录入的采购入库单可以在仓存管理系统及时查询、审核等。

(2) 销售系统录入的销售出库单可以在仓存管理系统及时查询、审核等。

(3) 仓存系统的出入库单可以在核算管理系统按照系统设置中设置的存货计价方法进行成本的自动计算，计算的结果可以自动回填到出入库单中。

(4) 仓存系统的领料单可以传入成本管理系统，作为产品生产成本的组成部分。通过成本管理系统计算出的产品的生产成本可以传入仓存系统的产品入库单中(虚线模块在本书中不做介绍)。

此外，根据质量管理的采购检验的物料合格数量进行采购入库；依据生产任务管理系统和重复生产计划系统的产品任务和投料单进行生产领料和产品入库；依据委外加工管理的委外生产任务单和投料单进行委外加工生产领料和委外加工入库；根据车间作业管理系统的工序计划单进行工序领料。

5.5.2 仓存管理实验练习

实验一 生产领料

生产领料单是确认原材料出库的书面证明，也是财务人员据以记账、核算产品领料原材料成本的重要原始凭证。

↗ **应用场景**

用于记录车间员工的领料业务。

↗ **实验步骤**

- 生产领料单的录入。
- 生产领料单的审核。

↗ **操作部门及人员**

存货的出入库由仓库管理员曹敏负责，出入库业务单据的审核由仓储部经理赵力负责。

↗ **实验前准备**

直接采用前述完成的应收应付业务的账套或恢复前述备份账套"F 诚信电子公司(应收应付期末处理)"。

↗ **实验数据**

2015 年 2 月 10 日，生产二车间赵武领用数码相机芯片、数码相机控制器、数码相机外壳各 100 个，准备生产数码相机。

↗ **操作指导**

1. 新增生产领料单

仓库管理员曹敏登录金蝶 K/3 主控台，执行【供应链】－【仓存管理】－【领料发货】—【生产领料-新增】命令，打开【领料单-新增】对话框，如图 5-66 所示。按照提供的实验数据进行输入。

图 5-66　领料单

① 如果存货需要进行批号管理，则商品出库时，需要选择对应的批号。

② 生产领料单包括蓝字生产领料单和红字生产领料单，红字生产领料单代表物料的退回。

③ 仓管人员一般只对物料的数量进行管理，物料进出金额的多少一般由财务人员进行核算统计，所以制单时仓管人员不需要输入出库金额。物料出入库的成本是在核算管理系统中由系统根据其物料的计价方法自动计算核定，系统计算出的成本金额在核算成功后会自动回填到出入库单据中，如果不希望仓管人员查看财务人员计算的成本单价等，可以通过权限控制让仓管人员只能看到存货的出入库数量。

④ 不同仓库的物料不能制作在同一张领料单上。

⑤ 录入物料代码等一些基础信息时，可以通过单击 F7 键进行查看选择。

2. 仓储部经理赵力审核曹敏输入的生产领料单

仓储部经理赵力登录金蝶 K/3 主控台，执行【供应链】—【仓存管理】—【领料发货】—【生产领料-维护】命令,弹出【条件过滤】对话框。单击【确定】,进入【生产领料序时簿】窗口,逐条审核曹敏输入的生产领料单,数据无误,单击【审核】,完成操作。

↗ 输出表单

执行【供应链】—【仓存管理】—【领料发货】—【生产领料汇总表】命令,可以查看按每一种物料归集的领料情况。

实验二 产品入库

产品入库单是处理完工产品入库的单据,也是财务人员据以记账、核算产成品生产入库成本的重要原始凭证。

↗ 应用场景
用于仓管人员接收车间人员提交的产成品。

↗ 实验步骤
- 产品入库单的录入。
- 产品入库单的审核。

↗ 操作部门及人员
存货的出入库由仓库管理员曹敏负责,出入库业务单据的审核由仓储部经理赵力负责。

↗ 实验前准备
直接采用前述操作账套。

↗ 实验数据
2015年2月15日,生产二车间生产数码相机100台入东区库,批号为20150215,生产日期为当天。

↗ 操作指导

1. 新增产品入库单

仓库管理员曹敏执行【供应链】—【仓存管理】—【验收入库】—【产品入库-新增】命令,打开【产品入库单-新增】对话框,如图5-67所示,按照提供的实验数据进行输入。

> ① 如果存货需要进行库龄和保质期管理，则产品入库时，需要选择对应的生产日期、保质期天数及有效截止日期。
> ② 产品入库单包括蓝字产品入库单和红字产品入库单，红字产品入库单代表产成品的退回，即可能由于质量等问题需要重新退回到生产车间进行再加工或是退回到维修车间进行维修处理。
> ③ 仓管人员一般只对产成品的数量进行管理，产成品入库的金额一般由财务人员进行核算统计，所以制单时仓管人员不需要输入产成品入库金额。入库成本一般由财务人员手工填入或引入入库成本、或从成本管理系统中自动取数。
> ④ 产品入库单可以通过手工录入、订单确认和生产任务单关联等途径生成。

图 5-67　产品入库

2. 仓储部经理赵力审核曹敏输入的产品入库单

仓储部经理赵力登录金蝶 K/3 主控台，执行【供应链】—【仓存管理】—【验收入库】—【产品入库-维护】命令，弹出【条件过滤】对话框，单击【确定】，进入【产品入库序时簿】窗口，逐条审核曹敏输入的产品入库单，若数据无误，单击【审核】，完成操作。

除了外购入库(采购系统已经介绍)、产品入库外，K/3 供应链系统针对业务的复杂性，还提供了委外加工入库、其他入库等的处理。委外加工入库用于处理委外加工产品的入库。其他入库主要用于处理非采购或生产性质的一些零星原材料或产成品入库。

🡵 输出表单

执行【供应链】-【仓存管理】-【报表分析】-【库存账龄分析表】命令，可以对库存所有物料的存储时间进行分析。

执行【供应链】-【仓存管理】-【报表分析】-【保质期清单】命令，可以查询任意时段各仓库物料的保质期情况。

执行【供应链】-【仓存管理】-【报表分析】-【保质期预警分析表】命令，系统对进行保质期管理的物料，按照物料的保质期进行比较、分析，将超过保质期的物料进行预警提示。

执行【供应链】-【仓存管理】-【报表分析】-【安全库存预警分析表】命令，系统对库存所有物料的库存数量，按照安全库存的数量进行比较、分析，对库存数量低于安全库存数量的物料进行预警提示。

实验三 仓库调拨

有些企业拥有很多仓库，经常需要将物料移动，此时就会用到仓库调拨。一般情况下，调拨处理只是涉及物料物理位置的移动，物料的成本金额中并不因移动而有所增加或减少。

🡵 应用场景

用于记录不同仓库之间的货物移动。

🡵 实验步骤

- 调拨单的新增。
- 调拨单的审核。

🡵 操作部门及人员

存货出入库由仓库管理员曹敏负责，出入库业务单据的审核由仓储部经理赵力负责。

🡵 实验前准备

直接采用前述操作的账套。

🡵 实验数据

2015 年 2 月 20 日，发现一台数码相机由于控制器有问题，需要由东区库调入西区库进行拆分及维修处理。

🡵 操作指导

1. 新增调拨单

仓库管理员曹敏登录金蝶 K/3 主控台，执行【供应链】-【仓存管理】-【仓库调拨】-【调拨单-新增】命令，打开【调拨单-新增】对话框，按照提供的实验数据进行输入。

2. 仓储部经理赵力审核曹敏输入的调拨单

仓储部经理赵力登录金蝶 K/3 主控台，执行【供应链】—【仓存管理】—【仓库调拨】—【调拨单-维护】命令，弹出【条件过滤】对话框。单击【确定】，进入【仓库调拨序时簿】窗口，逐条审核曹敏输入的仓库调拨单，若数据无误，单击【审核】，完成操作。

↗ 输出表单

执行【供应链】—【仓存管理】—【仓库调拨】—【调拨单-维护】命令，可以查询所有输入的调拨单。

实验四 盘点处理

在企业实际运作过程中，由于毁损、变质或人为等因素，经常会出现账面库存与实际库存不一致的情况。为了满足会计核算的需要，就必须定期进行存货盘点，以保证账实相符。

↗ 应用场景

用于仓管人员的存货盘点业务。

↗ 实验步骤

- 存货账面数据的备份。
- 盘点表的打印。
- 存货实际盘点结果数据的引入。
- 盘点报告单的编制。
- 盘点结果的财务处理。

↗ 操作部门及人员

存货盘点业务由仓库管理员曹敏和仓储部经理赵力负责。

↗ 实验前准备

- 直接采用前述操作的账套。
- 系统日期调整为 2015-02-28。

↗ 实验数据

企业于 2015 年 2 月 28 日对东区库和西区库进行仓库盘点，发现实际库存 MP3 芯片比账面多 10 个，优盘(东区库)比账面少 2 个。

↗ 操作指导

1. 备份存货账面数据

仓储部经理赵力登录金蝶 K/3 主控台，执行【供应链】－【仓存管理】－【盘点作业】－【盘点方案-新建】命令，进入【盘点进程】窗口。单击【新建】，打开【备份仓库数据】对话框，如图 5-68 所示。选择需要盘点的仓库，备份日期选择【即时库存】，截止日期为 2015 年 2 月 28 日，单击【确定】，完成仓库数据备份。返回【盘点进程】窗口，如图 5-69 所示。

图 5-68 备份仓库数据

图 5-69 新建盘点方案

注意

① 库存盘点要求所有的出入库单据全部审核，如果备份仓库还有未审核的与出入库单相关的单据，系统提示不能备份；如果该仓库已经备份，而且该仓库还未输出盘点单，则系统不能备份该仓库数据。

② 当企业一旦确定了一个固定的盘点日期，从此盘点日期开始到盘点结束时的仓存进出要从盘点结果中调整出去，调整后数据才能与财务账对比。如果备份日期选择的是即时库存，则系统自动取数据库服务器端的系统日期。

2. 打印盘点表

即引出需盘点数据，提供仓存人员进行盘点的存货列表。仓库管理员曹敏执行【供应链】—【仓存管理】—【盘点作业】—【盘点表打印】命令，进入【打印物料盘点表】窗口，单击【打印】按钮，打印物料盘点表。

3. 引入存货实际盘点结果数据

即盘点结果数据手工录入，或者通过 Excel 表的格式引入。仓库管理员曹敏执行【供应链】—【仓存管理】—【盘点作业】—【盘点数据录入】命令，进入【录入盘点数据】窗口，在【盘点数量】列，根据盘点结果手工输入实际盘点数量。或者，单击【引入】按钮，直接将盘点结果引入盘点表中，数据输入完毕，单击【退出】。

注意

调整数量主要是调整系统备份日的账存余额与实际盘点时的账存余额数量不一致造成的差额，本案例中调整数量为 0，即无须调整。

4. 编制盘点报告单

即系统进行账存数据与实存数据的差异比较。仓库管理员曹敏执行【供应链】—【仓存管理】—【盘点作业】—【编制盘点报告】命令，进入【物料盘点报告单】窗口，系统自动根据上一环节输入的盘点数量计算出存货的盘盈盘亏数量。单击【打印】按钮，打印物料盘点报告单，据以作为进行盘盈盘亏财务处理的依据。

5. 盘点结果的财务处理

即根据盘点报告单生成盘盈盘亏单据并审核。在【物料盘点报告单】窗口，仓库管理员曹敏单击【盘盈单】、【盘亏单】，系统自动根据盘盈盘亏数量生成相应的盘盈盘亏单。

仓储部经理赵力对曹敏生成的盘盈盘亏单进行审核。执行【供应链】－【仓存管理】－【盘点作业】－【盘盈入库-维护】命令，弹出【条件过滤】对话框。单击【确定】，进入【库存调整序时簿】窗口，逐条审核盘盈入库单，若数据无误，单击【审核】，完成操作。盘亏单的审核也如此，不再赘述。

上述实验做完后，备份账套，备份文件名为"F 诚信电子公司(仓存管理)"。

5.6 核算管理

5.6.1 系统概述

业务开展的好坏，最终都要通过财务数据来体现，存货核算管理系统的目的就是将业务发生过程中涉及资金、资产的部分进行财务核算，并制作成会计凭证，反映到企业的三大会计报表中。

1. 存货核算管理基本业务处理流程

核算管理主要是计算出入库存货成本并制作成凭证，一般由会计人员完成。具体如图 5-70 所示。

图 5-70 核算管理系统业务处理流程

从图 5-70 中可以看出,核算管理系统最关键的操作是出入库核算与凭证制作。与供应链其他系统不同的是,核算管理系统几乎不涉及单据的输入,所有参与核算管理的单据都来源于其他业务系统。

2. 重点功能概述

核算管理系统提供先进先出法、后进先出法、加权平均法、移动平均法、分批认定法、计划成本法等多种存货的计价方法。各种存货的计价方法可并行使用,准确核算存货的出入库成本和库存金额余额。

外购入库核算可自动分配采购费用、自动进行暂估调整。

3. 与其他系统的关系

核算管理系统与其他系统的关系如图 5-71 所示。

图 5-71 核算管理系统关系图

(1) 接收采购系统录入的已审核的采购发票、外购入库单、委外加工入库单、委外加工出库单、费用发票等单据,进行入库核算计算出采购成本,并制作凭证。

(2) 接收仓存系统录入的所有出入库单据,进行出入库金额核算和凭证处理。

(3) 接收销售系统录入的已审核的销售发票、销售出库单、销售费用发票等单据,进行销售出库核算计算出销售出库成本,并制作凭证。

(4) 核算管理系统将材料出库核算的结果传递给成本系统,作为成本系统计算产品生产成本的组成部分。成本系统计算出的半成品、产成品生产成本传递到核算管理系统作为产品的入库成本。

(5) 对各类发票生成凭证后,核算管理系统自动将凭证字等相关信息传递到应收应付系统对应的往来单据上,实现财务处理的一致性。

(6) 核算管理系统生成的凭证传递到总账系统,并可实现存货与总账系统的对账功能。

5.6.2 核算管理实验练习

实验一 入库核算

入库核算功能,主要用来核算各种类型的存货入库的实际成本,不同类型的入库其核算的特点不同,如外购入库的成本需依据相勾稽的采购发票,还应计入采购费用,委外加工入库的成本由材料费和加工费组成。

↗ 应用场景

财务人员计算原材料的采购成本等。

↗ 实验步骤

- 外购入库核算。
- 存货估价入账。
- 自制入库核算。

↗ 操作部门及人员

诚信电子公司的入库核算由财务部主管张婷负责。

↗ 实验前准备

直接采用前述完成的仓存业务的账套或恢复前述备份账套"F 诚信电子公司(仓存管理)"。

↗ 实验数据

- 所有数据来源于其他系统,无须单独准备数据。
- 数码相机的自制入库成本为:单价 1 100 元。
- MP3 芯片的盘盈入库成本为:单价 620 元。

↗ 操作指导

1. 外购入库核算

主要针对企业对外采购并已收到发票的入库材料进行核算。它的核算以采购发票上的金额和对应的入库单中的数量为准,保证核算的正确性。所以在外购入库核算中显示的是采购发票,没有发票的物料入库是暂估入库,不属外购入库核算范围。

财务部主管张婷登录 K/3 系统。执行【供应链】—【存货核算】—【入库核算】—【外购入库核算】命令,弹出【条件过滤】对话框,单击【确定】,进入【外购入库核算】窗口,窗口中显示出所有已勾稽、已审核的本期红蓝字发票。

选择需要进行费用分配的发票。系统默认按数量分配,即菜单中的【核算】—【费用分配方式】默认勾选的是按数量分配。费用分配主要是将采购过程中发生的可以计入采购成本的费用按照数量或金额两种方式分配到原材料的采购单位成本中。单击【分配】，系统自动完成费用的分摊工作。

双击已进行费用分配的发票，可以查看分配的结果，如图5-72所示。与如下手工方式下的结算结果一致。

图5-72 入库成本核算

如本书案例中描述，支付绵阳电子公司货款时，还支付了1500元的运费。手工计算时，我们得出的结果如表5-15所示。

表5-15 费用分配表

物 料	数 量	计入成本的运费	可抵扣税金	运 费
数码相机芯片	60	368.18	40.91	409.09
数码相机控制器	50	306.82	34.09	340.91
MP3芯片	110	675.00	75.00	750.00
合计	220	1 350.00	150.00	1 500.00

单击【核算】，系统开始核算外购入库的采购成本。外购入库核算成功后，系统将采购发票上的单价、金额返填到采购入库单，保持采购成本的一致性。选择【查看】菜单中的【对应入库单】，可查询刚才入库核算的结果。

参考上述操作逐一核算其他所有采购发票。

2. 存货估价入账

在实际的采购业务中，经常存在仓库已收到了货物，而财务仍没有收到采购发票的情况，所以在发票到达前，实际的仓库账与财务账存在差异。为了保证财务账和业务账的一致，财务上一般使用暂估入库，在核算成本时人为地给物料一个单位成本。

执行【供应链】－【存货核算】－【入库核算】－【存货估价入账】命令，弹出【条件过滤】对话框，单击【确定】，进入【暂估入库单序时簿】窗口。窗口中显示出所有未勾稽、已审核的本期红蓝字外购入库单。执行【编辑】－【查看】菜单命令，打开外购入库单，手工输入暂估物料的入库成本。本书中没有暂估入库业务。

3. 自制入库核算

企业的自制产品包括自制产成品和自制半成品，它们的成本是由生产成本中直接人工、直接材料、制造费用和其他费用汇总分配后核算出的，应由财务人员计算获得。如果启用了成本管理系统，自制入库产品的单价可以由成本管理系统引入，否则，财务人员需手工填入。

盘盈入库产品的核算也在自制入库核算界面处理。

执行【供应链】－【存货核算】－【入库核算】－【自制入库核算】命令，弹出【条件过滤】对话框，单击【确定】，进入【自制入库核算】窗口。窗口中显示出所有已审核的本期产品入库记录，录入存货的入库单价为 1 100，单击【核算】，完成自制入库核算。

单击【过滤】按钮，事务类型选择【盘盈入库(实际成本部分)】，再单击【确定】，进入【自制入库核算】窗口。窗口中显示出所有已审核的盘盈入库记录，录入存货的入库单价 620，单击【核算】，完成盘盈入库核算。

除了上述 3 种主要的入库核算外，系统还提供了其他入库核算、委外加工入库核算等，此处不再一一列举。

↗ 输出表单

执行【供应链】－【存货核算】－【入库核算】－【采购成本明细表】命令，可以分析某一期间外购入库成本的明细组成情况。

实验二　出库核算

主要用来核算存货的出库成本，包括原材料的生产出库核算和产成品的销售出库核算。

↗ 应用场景

财务人员统计销售出库的商品成本。

↗ 实验步骤

- 红字出库核算。
- 材料出库核算。
- 产品出库核算。

↗ **操作部门及人员**

诚信电子公司的出库核算由财务部主管张婷负责。

↗ **实验前准备**

直接采用前述完成入库核算的账套。

↗ **实验数据**

所有数据来源于其他系统，无须单独准备数据。

↗ **操作指导**

1. 红字出库核算

张婷执行【供应链】—【存货核算】—【出库核算】—【红字出库核算】命令，弹出【条件过滤】对话框，单击【确定】，进入【红字出库核算】窗口。选择要核算的红字销售出库单，双击打开，直接输入退货成本100即可。如果红字出库单关联了原蓝字出库单，退货成本系统会自动取蓝字出库单的出库成本，无须在此处再单独输入。

2. 材料出库核算

执行【供应链】—【存货核算】—【出库核算】—【材料出库核算】命令，进入结转存货成本的向导窗口，按照系统提示完成操作，如图5-73所示，可以查看结转存货成本的报告。

图5-73 结转存货成本报告

3. 产品出库核算

执行【供应链】—【存货核算】—【出库核算】—【产成品出库核算】命令，进入结转存货成本的向导窗口，按照系统提示完成操作。

若物料入库核算未完成(有入库单的单价为零,包括红字),系统会提示出错。根据选项决定是否停止继续核算其他物料。

↗ 输出表单

执行【供应链】-【存货核算】-【出库核算】-【生产领料成本明细表】命令,可以反映一定期间物料的生产领料成本的明细情况。

执行【供应链】-【存货核算】-【出库核算】-【销售成本明细表】命令,可以反映一定期间产成品的销售出库的明细情况。

实验三　凭证处理

生成凭证是核算管理的最终目的,是将业务与账务相结合的过程,是业务系统与账务系统的接口。在核算管理系统中生成的凭证,可以立刻传输到账务系统中。

↗ 应用场景

将所有的供应链业务进行账务处理,以最终反映到财务报表中。

↗ 实验步骤

- 凭证模板设置。
- 业务凭证生成。
- 凭证审核。

↗ 操作部门及人员

诚信电子公司的业务系统凭证制作由财务部主管张婷负责。

↗ 实验前准备

直接采用前述完成出库核算的账套。

↗ 实验数据

以采购业务为例,采购入库凭证的模板如下。
仓库收到货物时
　　借:原材料
　　　　贷:材料采购
财务收到采购发票时
　　借:材料采购
　　　　应交税费——应交增值税——进项税额
　　　　贷:应付账款
具体凭证模板的设置如表 5-16 所示。

表 5-16 凭证模板

事务类型	科目来源	科　目	借贷方向	金额来源	摘　要
外购入库	单据上物料的存货科目		借	外购入库单实际成本	实收数量
	凭证模板	材料采购	贷	外购入库单实际成本	
采购发票	凭证模板	材料采购	借	采购发票不含税金额	供货单位
	凭证模板	进项税额	借	采购发票税额	
	单据上的往来科目		贷	采购发票价税合计	
费用发票	凭证模板	制造费用	借	采购费用发票不含税金额	供货单位
	凭证模板	进项税额	借	采购费用发票可抵扣税额	
	单据上的往来科目		贷	采购费用发票金额	
产品入库	凭证模板	库存商品	借	产品入库单实际成本	交货单位
	凭证模板	生产成本	贷	产品入库单实际成本	
盘盈入库 1	单据上物料的存货科目		借	盘盈入库单实际成本	仓库名称
	凭证模板	营业外收入	贷	盘盈入库单实际成本	
销售出库(赊销)	凭证模板	主营业务成本	借	产品出库单实际成本	购货单位
	凭证模板	库存商品	贷	产品出库单实际成本	
生产领料	凭证模板	生产成本	借	生产领料单实际成本	领料部门
	凭证模板	原材料	贷	生产领料单实际成本	
盘亏	凭证模板	营业外支出	借	盘亏入库单实际成本	仓库名称
	凭证模板	库存商品	贷	盘亏入库单实际成本	
销售收入	单据上的往来科目		借	销售发票价税合计	购货单位
	凭证模板	主营业务收入	贷	销售发票不含税金额	
	凭证模板	销项税额	贷	销售发票税额	
外购入库(计划法)	凭证模板	原材料	借	外购入库单计划成本	供应商
	凭证模板	材料采购	贷	外购入库单计划成本	
调拨	单据上物料的存货科目		借	仓库调拨成本	调出仓库
	单据上物料的存货科目		贷	仓库调拨成本	

📌 操作指导

1. 设置凭证模板

财务部主管张婷登录 K/3 系统。执行【供应链】—【存货核算】—【凭证管理】—【凭证模板】命令，进入【凭证模板设置】窗口。选择【外购入库单】，单击【新增】，弹出【凭证模板】对话框，按如下数据输入信息。

模板编号：201501。模板名称：外购入库。凭证字：记。如图 5-74 所示。

模板设置完毕，单击【保存】。

参考刚才的操作步骤依次新增其他业务凭证模板。注意：模板编号依次为：201502，201503，201504 等。

图 5-74　凭证模板

① 凭证模板根据业务的不同也分为多种，每个业务都必须制作相应的模板。每一种核算单据可设置多个凭证模板，指定某个凭证模板为默认凭证模板，系统生成凭证时只按默认的凭证模板生成凭证(注意：凭证模板名称不能重复)。

② 科目来源可以有多种选择方式，分别是：

- 凭证模板——是唯一从系统基础资料中会计科目取数的形式。
- 取自单据上物料的存货科目、销售收入科目、销售成本科目——这三种科目在设置物料代码时已设置在物料中了。如果物料的存货科目设定为原材料科目，则此处的会计科目就是"123 原材料"。
- 单据上部门的核算科目——科目设置在部门资料中。

若选择来源于凭证模板，须在【科目】栏录入固定科目，可单击 F7 键进行查找。若选择其他的科目来源，则不需要在模板中录入具体科目(【科目】栏自动变灰)，系统会在生成凭证时根据单据上的内容和科目来源自动查找相应的科目。

2. 设置默认模板

在【凭证模板设置】窗口，选择刚才设置的外购入库单模板，执行【编辑】－【设为默认模板】命令，将201501号凭证模板设置为制作凭证时的首选模板。

3. 凭证制作

执行【供应链】－【存货核算】－【凭证管理】－【生成凭证】命令，进入【生成凭证】窗口。按照实验数据，选中【外购入库单】，单击【重设】，弹出【条件过滤】对话框，再单击【确定】，系统列示所有满足条件的外购入库单。在【选择标志】列，勾选需要生成凭证的入库单，单击【生成凭证】，完成凭证制作。凭证完成后，执行【供应链】－【存货核算】－【凭证管理】－【凭证查询】命令，查询所有生成的凭证是否正确、完整，如应收账款、应付账款科目的核算项目是否存在等。

注意

① 凭证是根据凭证模板生成的，凭证生成的关键在于选择业务类型，各种业务的操作过程是一致的。
② 生成凭证有三种选择。
- 按单生成凭证，一张单据生成一张凭证。
- 按单据类型生成汇总凭证，选择相同类型或相同业务的多张单据生成一张汇总的凭证。
- 所有选择的单据生成汇总凭证，所有选择的多张单据生成一张汇总的凭证。
③ 常见的生成错误凭证的原因主要有：
- 找不到科目，应采取的措施是补录科目或调整科目来源。
- 科目不是最明细，凭证借贷不平，一般是因为金额来源设置不正确。
- 单据上数据为0，取不到核算项目，此时应对科目进行调整。
- 凭证不能保存，原因是业务系统当前会计期间小于账务系统的当前会计期间。

4. 凭证审核

财务部经理许静登录K/3系统，执行【供应链】－【存货核算】－【凭证管理】－【凭证查询】命令，在【会计分录序时簿】窗口，审核张婷制作的供应链凭证，也可以直接在总账系统进行凭证审核。审核完成后，执行【财务会计】－【总账】－【凭证管理】－【凭证过账】，对张婷制作的供应链凭证进行过账处理。

↗ 输出表单

执行【供应链】－【存货核算】－【凭证管理】－【凭证查询】命令，可以查询所有供应链业务的相关凭证。

实验四　存货跌价准备

遵循会计制度的谨慎性原则，企业的存货应当在期末按照成本与可变现净值孰低的原则计提存货跌价准备。如果成本低于可变现净值，则不计提跌价准备；如果成本高于可变现净值，应将成本降到可变现净值，对于可变现净值低于成本的部分造成的损失，计提跌价准备。

↗ 应用场景

存货跌价准备的计提。

↗ 实验步骤

- 跌价准备参数设置。
- 存货跌价准备计提。
- 存货跌价准备凭证制作。

↗ 操作部门及人员

诚信电子公司的存货跌价准备由财务部主管张婷负责。

↗ 实验前准备

直接采用前述完成凭证制作的账套。

↗ 实验数据

- 存货跌价准备计提方式：按物料计提。
- 所有存货均跌价 2%。

↗ 操作指导

1. 设置跌价准备参数

财务部主管张婷登录 K/3 系统，执行【系统设置】—【系统设置】—【存货核算】—【系统设置】命令，进入【系统参数维护】窗口。选择【核算系统选项】，按照实验数据设置存货跌价准备的计提方式为【按物料计提】。

2. 计提存货跌价准备

执行【供应链】—【存货核算】—【存货跌价准备管理】—【存货跌价维护】命令，弹出【过滤】对话框，单击【确定】，进入【存货跌价维护】窗口。在【跌价比例】列，手工输入或引入存货的跌价比例，单击【保存】，系统自动计算出应提跌价准备。

在计提跌价准备前建议对核算系统当前期间首先进行"关账"处理，以防止在计提了跌价准备之后，操作人员又录入了本期库存单据或修改了库存余额。

3. 存货跌价准备凭证制作

执行【供应链】—【存货核算】—【凭证管理】—【生成凭证】命令，参照实验三的步骤，将存货跌价准备管理业务中的记录生成凭证。财务部经理许静登录 K/3 系统，审核后计提跌价准备凭证。

① 在制作凭证前，应设置好凭证模板，通常是
借：管理费用——计提的存货跌价准备
　　贷：存货跌价准备
② 如已计提跌价准备的存货的价值以后又得以恢复，应按恢复数额做相反的业务处理。
借：存货跌价准备
　　贷：管理费用——计提的存货跌价准备
本书中，由于会计科目设置时，管理费用没有设置"计提的存货跌价准备"明细科目，所以此处凭证模板设置时，改为采用"管理费用——其他"科目。

↗ **输出表单**

执行【供应链】—【存货核算】—【存货跌价准备管理】—【存货跌价准备计提表】命令，可以查看各个期间的存货跌价计提情况，如图 5-75 所示。

图 5-75　存货跌价准备计提表

实验五 期末处理

期末处理主要是指将本期的所有数据加计发生额并结转到下一期，包括结存数量、结存金额。

↗ **应用场景**

期末结账处理。

↗ **实验步骤**

- 期末关账。
- 期末对账。
- 期末结账。

↗ **操作部门及人员**

诚信电子公司的业务系统期末处理由财务部主管张婷负责。

↗ **实验前准备**

直接采用前述完成存货跌价计提的账套。

↗ **实验数据**

无。

↗ **操作指导**

1. 期末关账

通过关账可截止本期出入库单据的继续录入和其他处理，有利于期末结账前的对账处理。

财务部主管张婷登录 K/3 系统，执行【供应链】—【存货核算】—【期末处理】—【期末关账】命令，进入【期末关账】对话框，单击【关账】，完成关账业务处理。

2. 期末对账

在【期末关账】对话框，单击【对账】按钮，可对存货核算管理系统的存货余额及发生额，与总账系统存货科目余额及发生额进行核对，如图 5-76 所示。

> **注意**
>
> 业务系统生成的凭证会自动传递到账务系统。一般情况下，业务系统的存货余额应该与总账系统存货科目的余额保持一致。

图 5-76 对账

与总账对账前，必须确保所有业务系统的相关单据已经生成了凭证，并且所有凭证都已审核过账。

若对账不平，可从以下几个方面查找原因。

(1) 还有业务单据未生成凭证，造成业务系统有记录，总账系统无记录的情况。

(2) 凭证模板设置不正确，存货收发未与存货科目借贷相对应。

(3) 总账中有直接录入的涉及存货科目的凭证，造成总账有记录，而业务系统无记录的情况。

(4) 暂估冲回后未继续暂估或生成外购入库凭证。

(5) 业务系统生成的凭证没有审核并过账。

(6) 业务系统生成的凭证中挂核算项目的科目，其核算项目为空，需要人工修改该种凭证。

上述实验做完后，备份账套，备份文件名为"F 诚信电子公司(核算管理期末处理)"。

3. 期末结账

执行【供应链】—【存货核算】—【期末处理】—【期末结账】命令，进入【期末结账】向导窗口，按系统提示操作。

注意

> 期末结账后，以前期间的数据不能再进行更改，一定要仔细进行核对，如果本期还有未处理的出入库单据，则结账会失败。

如果要修改上一期的数据资料，必须先进行反结账操作。

第 6 章 工 资

6.1 系统概述

在知识经济时代,企业如何设计科学合理的薪资福利,吸引并留住企业发展所需要的人才是企业长远发展战略的一项关键工作,而工资管理首先就是制定适应本企业特点的薪资福利管理政策,然后根据政策制定员工工资体系、工资标准,并完成工资的核算和日常管理。

工资管理系统是企业工资管理的有力工具,主要帮助企业处理工资核算、工资发放、工资费用分配、银行代发、个人所得税计算、申报功能、职员计提基金等业务,并通过提供多工资库管理、丰富实用的多种管理报表满足企业多种场景下面的薪酬核算和管理的要求。

6.1.1 日常业务处理流程

工资管理日常业务主要完成企业工资的计算和发放,管理过程包括如下 3 个环节。

员工工资体系建立→工资核算→工资发放

(1) 员工工资体系建立主要是根据企业薪酬制度制定出员工工资计算规则。

(2) 工资核算是根据工资发放制度及规则按次或按一定周期进行员工工资、福利发放金额的计算。

(3) 工资发放是企业依据工资计算结果通过银行、现金或其他方式发放员工劳动报酬。

工资管理系统日常业务处理流程如图 6-1 所示。

图 6-1 工资系统流程图

其中：

(1) 工资数据录入指输入考勤数据、绩效考核数据或计时/计件工资等工资核算所需要项目的数据。

(2) 工资计算是依据系统设置的工资计算公式进行工资、所得税、基金等项目的计算。

(3) 工资发放通过输出工资发放表、工资配款表的方式进行，现在大部分企业是银行代发工资，则需要按照银行要求的格式输出银行代发工资表，传输到银行，银行根据代发工资表进行工资的发放。

(4) 月末或本次工资发放完成后，可通过期末结账进入下一个期间或下一次工资发放，开始新的业务，系统可以按照工资类别分别进行期末结账处理。

6.1.2 重点功能概述

工资管理政策主要依托于工资类别和核算公式在系统中体现，因此工资类别和核算公式是工资管理的核心设置。金蝶 K/3 工资管理系统工资类别及核算公式的特点如下。

1. 工资类别

金蝶 K/3 是按工资类别进行工资的核算及发放管理，通过工资类别满足企业多个工资库的要求，从而实现多套工资核算和管理体系。工资类别应用主要体现在以下 6 个方面。

第一，如果企业组织架构中不同组织单元的工资管理模式不同，组织单元间资料相对独立，并且不同组织单元的工资管理人员不同，可设置不同类别，通过权限控制保证信息保密，满足集团企业集权和分权管理的要求。

第二，如果企业不同的员工类别，如正式职工、合同工、退休人员的工资发放时间和计算标准不同，可分类别进行工资处理。

第三，如有临时立项的工资项目，可通过新增类别进行计算。

第四，如企业工资管理有明确分工的需要，可分类别进行工资数据的录入、计算、发放及分类别结账。

第五，如果同一个员工的工资组成有多种核算规则，可通过将一个员工归入多个类别实现。

第六，通过类别，可以同时满足企业按明细部门与非明细部门进行工资计算。

2. 核算公式

核算公式设置包括工资计算公式设置、扣零设置、个人所得税率设置三部分，主要应用如下。

第一，工资计算需要利用来源于其他系统的业务数据，如制造系统的工时、生产件数，人力资源系统的考勤数据、绩效等级等，系统中提供了丰富的取数函数供用户根据工资制度建立工资计算公式。

第二，企业在工资发放过程中，如是以现金形式进行工资发放，会有零头累积到一定数目再发放的需求，对于这样的业务，系统提供了扣零处理，方便应用。

第三，所得税计算是工资的一个重要内容，而所得税计算规则相对固定、标准，通过在系统中预设个人所得税计算规则，如税率类别、税率项目、所得计算、基本扣除、所得期间等，系统可以自动完成所得税的计算。

6.1.3　与其他系统的关系

工资管理系统与其他系统的关系如图 6-2 所示。

图 6-2　工资系统关系图

(1) 金蝶 K/3 工资系统是金蝶 K/3 人力资源系统的一个子系统，在两个系统联用时，公用的基本设置如组织单元、职员信息可以共享，相互导入或者自动动态同步，保持基础资料的一致性。工资计算时还可以从人力资源系统中导入考勤信息、绩效考核信息。

(2) K/3 制造系统中记录了生产工人或车间作业人员的工时、生产数量信息，在进行计时、计件工资计算时，可以导入作为工资核算依据。

(3) 业务信息最终会反映到财务核算上面，金蝶 K/3 工资管理系统与金蝶 K/3 总账系统联用时，公用信息如部门、职员与币别信息既可独立建立，也可以从总账基础资料中导入，核算信息根据费用分配的设定，直接产生凭证传到总账系统。

6.2 实验练习

实验一 初始化设置

企业要进行工资管理，必须首先根据工资制度进行工资核算规则、工资涉及基础数据及工资计算公式的整理和制定，一个完整的工资管理系统初始化流程通常包括以下 4 个环节。

系统参数设置→工资类别设置→基础项目设置→核算公式设置

(1) 系统参数指设置工资系统的控制参数。
(2) 工资类别指工资核算的分类处理类别，满足不同工资发放日期、不同工资核算方法，不同类别人员或不同机构、不同部门的人员分别进行工资核算及发放的要求。
(3) 工资核算基础项目包括部门、职员、工资项目、币别、银行等信息。
(4) 核算公式定义工资计算公式、扣零项目、所得税核算方法等内容。

↗ **应用场景**

进行工资计算公式、包含内容等相关制度的定义。

↗ **实验步骤**

- 工资系统参数设置。
- 工资类别设置。
- 工资基础数据及辅助资料设置。
- 工资计算公式设置。

↗ **操作部门及人员**

在诚信电子公司人事薪资组张爱萍负责工资初始化数据设置，由人事薪资组主管葛微负责审核。

↗ **实验前准备**

- 系统日期调整为 2015-02-10。
- 恢复前述备份账套"F 诚信电子公司(核算管理期末处理)"。

↗ **实验数据**

(1) 系统参数如表 6-1 所示。

表 6-1 系 统 参 数

参数项目名称	参 数 值
工资发放表打印前必须审核	是
工资分类别结账	是
结账与总账期间同步	否
结账前必须先审核	是
结账前必须先复审	否
我的薪资查看数据必须审核	是
我的薪资查看数据必须复核	否
我的薪资为零项目不显示	是

(2) 工资类别。

练习工资类别维护，新增"在职人员工资管理"、"临时人员工资管理"两个类别。

(3) 辅助属性。

练习辅助属性中的职员类别维护，在职人员职员类别包括：正式员工、退休人员。

(4) 部门。

从总账系统引入所有部门，同时再新增一个部门，如表 6-2 所示。

表 6-2 退 休 办

部 门 代 码	部 门 名 称
099	退休办

(5) 职员。

从总账系统引入所有职员，同时新增两个退休人员，调整后的职员表如表 6-3 所示。

表 6-3 职 员 表

代码	名称	性别	入职日期	职员类别	部门名称	银行名称	个人账号
001	金 鑫	男	2000.08.08	正式员工	行政人事部	招行	0000000001
105	张爱萍	女	2000.08.08	正式员工	行政人事部	招行	0000000002
202	葛 微	女	2002.01.01	正式员工	行政人事部	招行	0000000003
106	刘丽佳	女	2002.01.01	正式员工	行政人事部	招行	0000000004
101	许 静	女	2002.01.01	正式员工	财务部	招行	0000000005
102	张 婷	男	2002.01.01	正式员工	财务部	招行	0000000006
103	胡美玲	女	2002.01.01	正式员工	财务部	招行	0000000007
201	孙晓红	女	2002.01.01	正式员工	财务部	招行	0000000008

(续表)

代码	名称	性别	入职日期	职员类别	部门名称	银行名称	个人账号
104	李梅	女	2002.01.01	正式员工	财务部	招行	0000000009
107	马秀伟	女	2002.01.01	正式员工	财务部	招行	0000000010
301	徐力军	男	2003.01.01	正式员工	技术部	招行	0000000011
401	李大勇	男	2000.08.08	正式员工	采购部	招行	0000000012
402	胡开林	男	2002.01.01	正式员工	采购部	招行	0000000013
501	张二柱	男	2002.01.01	正式员工	生产一车间	招行	0000000014
502	胡兵	男	2002.01.01	正式员工	生产一车间	招行	0000000015
601	朱铁	男	2002.01.01	正式员工	生产二车间	招行	0000000016
602	赵武	男	2002.01.01	正式员工	生产二车间	招行	0000000017
701	王池	男	2002.01.01	正式员工	销售部	招行	0000000018
702	李强	男	2002.01.01	正式员工	销售部	招行	0000000019
801	赵力	男	2002.01.01	正式员工	仓管部	招行	0000000020
802	曹敏	女	2002.01.01	正式员工	仓管部	招行	0000000021
901	刘文学	男	1992.01.01	退休人员	退休办	招行	0000000023
902	陈思思	女	1993.01.01	退休人员	退休办	招行	0000000024

(6) 银行资料如表6-4所示。

表6-4 银行资料

代码	名称	账号长度
001	招商银行营口支行	10

(7) 工资项目如表6-5所示。

表6-5 工资项目

项目名称	类型	数据长度	小数位数	属性
职员代码	文字	250		其他
职员姓名	文字	250		其他
部门名称	文字	250		其他
职员类别	文字	80		其他
基本工资	货币	12	2	可变项目
奖金	货币	12	2	可变项目

(续表)

项目名称	类型	数据长度	小数位数	属性
补发工资	货币	15	0	可变项目
病假	货币	15	0	可变项目
事假	货币	15	0	可变项目
应发合计	货币	12	2	可变项目
代扣税	货币	12	2	可变项目
代扣房租水电	货币	15	0	可变项目
其他扣款	货币	12	2	可变项目
扣款合计	货币	12	2	可变项目
实发合计	货币	12	2	可变项目
个人账号	文字	40		其他

(8) 工资核算公式。

应发合计＝(基本工资＋奖金＋补发工资)－(病假＋事假)
扣款合计＝代扣税＋代扣房租水电＋其他扣款
实发合计＝应发合计－扣款合计

▎ 操作指导

1．设置工资类别

以人事薪资组张爱萍的身份登录金蝶 K/3 主控台，执行【人力资源】－【工资管理】－【类别管理】－【新建类别】命令，打开【新建工资类别】对话框，单击【类别向导】按钮，录入类别名称"在职人员工资管理类别"。单击【下一步】，在显示的界面中设置"是否多类别"为"否"，币别为"人民币"，单击【下一步】，完成工资类别的定义。

按照上述步骤，再新增"临时人员工资管理"类别，如图 6-3 所示。

图 6-3　新增工资类别

注意

① 在定义工资类别前,需要先定义好币别信息。
② 类别名称不允许重复。

2. 设置系统参数

工资管理系统参数需要系统管理员设置,张婷登录金蝶 K/3 主控台,执行【系统设置】—【系统设置】—【系统参数配置】命令,系统弹出【基础平台-[系统参数配置平台]】窗口。选中"工资管理系统",进入工资系统参数维护界面。按照提供的实验数据在"调整后参数"栏正确输入,如图 6-4 所示。

图 6-4 系统参数

注意

系统预设参数、行业(默认)参数、存在差异栏数据不允许修改,由系统预设或自动生成。

3. 工资核算基础数据设置

设置顺序按照:辅助属性→银行→部门→职员→工资项目。

人事薪资组张爱萍登录金蝶 K/3 主控台,执行【人力资源】—【工资管理】—【设置】—【辅助属性】命令,在系统弹出的"打开工资类别"窗口选择"在职人员工资管理类别",进入【辅助属性】维护窗口,按照提供的实验数据选取"职员类别",正确新增在职人员的职员类别。

临时人员的职员类别可采用同样的方式设置。

如果工资数据和职务相关，还须在此处设置职务的分类，如在前述总账系统的职员资料中，我们对职员进行了职务的划分。目前，诚信公司的工资暂没有和职务挂钩，这里不作介绍，大家可以自己练习。

执行【人力资源】－【工资管理】－【设置】－【银行管理】命令，打开【银行管理】对话框，按照提供的实验数据正确输入。

执行【人力资源】－【工资管理】－【设置】－【部门管理】命令，打开【部门】对话框，单击工具栏中的【引入】按钮，系统将弹出部门导入界面。导入数据源选择【总账数据】，再选择【全选】，最后单击【导入】按钮。导入完成后，单击工具栏中的【新增】，增加退休办信息。单击工具栏上的【浏览】按钮，可以查看录入及导入的所有信息。

用类似操作可以完成职员的设置，并根据实验数据完成从总账导入职员属性修改，正确输入"职员类别""银行名称""个人账号"等信息。

执行【人力资源】－【工资管理】－【设置】－【项目设置】命令，打开【工资核算项目设置】对话框，系统中已经预设了常用的工资项目，按照提供的实验数据进行预设数据的增加和删除，如图 6-5 所示。

图 6-5　工资项目

① 统预设的固定项目不允许删除。

② 在选择工资类别后，系统所有后续操作都将默认基于第一次选择的工资类别，除非退出系统重新进入或利用类别管理中的"选择类别"功能重新选取其他类别。

4. 工资核算公式设置

以人事薪资组张爱萍的身份登录金蝶 K/3 主控台，执行【人力资源】—【工资管理】—【设置】—【公式设置】命令，打开【公式设置】对话框。在弹出的【工资核算项目设置】界面中，单击【新增】按钮录入公式名称"在职员工工资"，单击【保存】按钮。再单击【编辑】按钮，按照提供的实验数据正确输入。工资公式设置界面如图 6-6 所示。

图 6-6　工资公式

实验二　日常工资业务处理

↗ 应用场景

每月根据出勤等记录计算员工的实发工资等。

↗ 实验步骤

- 工资数据录入。
- 所得税计算。

- 费用分配。
- 工资凭证管理。
- 工资审核。
- 期末结账。

↗ **操作部门及人员**

在诚信电子公司,人事薪资组张爱萍负责在职人员日常工资业务处理,由人事薪资组主管葛微负责审核。

↗ **实验前准备**

直接采用前述操作的账套。

↗ **实验数据**

(1) 2月工资数据如表6-6所示。

表6-6 工 资 数 据

职员姓名	基本工资	奖金	补发工资	病假	事假	应发合计	代扣所得税	代扣房租水电	其他扣款	扣款合计	实发合计
金 鑫	21 000.00	6 000.00	1 000.00						900.00		
张爱萍	14 000.00	5 000.00	1 000.00						800.00		
葛 微	13 000.00	4 000.00	1 000.00	700.00					700.00		
刘丽佳	9 000.00	4 000.00	1 000.00	700.00					200.00		
许 静	9 500.00	1 000.00	1 000.00					300.00			
张 婷	9 500.00	1 000.00	1 000.00					300.00			
胡美玲	8 500.00	1 000.00	1 000.00					300.00			
孙晓红	8 500.00	1 000.00	1 000.00					300.00			
李 梅	9 500.00	3 000.00	1 000.00					300.00			
马秀伟	8 500.00	3 000.00	1 000.00					300.00			
徐力军	6 000.00	3 000.00	1 000.00		500.00			300.00			
李大勇	4 000.00	1 000.00	1 000.00					300.00			
胡开林	6 000.00	1 000.00	1 000.00		500.00			300.00			
张二柱	7 000.00	100.00	1 000.00					300.00			
胡 兵	9 000.00	300.00	1 000.00					300.00			

(续表)

职员姓名	基本工资	奖金	补发工资	病假	事假	应发合计	代扣所得税	代扣房租水电	其他扣款	扣款合计	实发合计
朱 铁	7 000.00	300.00	1 000.00					300.00			
赵 武	9 000.00	100.00	1 000.00					300.00			
王 池	7 000.00	100.00	1 000.00					300.00			
李 强	6 000.00	300.00	1 000.00					300.00			
赵 力	4 000.00	300.00	1 000.00					300.00			
曹 敏	6 000.00	300.00	1 000.00					300.00			
刘文学	4 000.00		1 000.00					300.00			
陈思思	3 000.00							300.00			

(2) 所得税设置如表 6-7 所示。

表 6-7 所得税设置

名 称	事 项
税率类别	含税级距税率
税率项目	名称："应税所得"，"应发合计"增项
所得计算	名称："应税所得"，"应发合计"增项
所得期间	2015.2
外币币别	人民币
基本扣除	1600

(3) 费用分配如表 6-8 所示。

表 6-8 费用分配

部 门	职员类别	工资项目	费用科目	核算项目	工资科目
技术部	正式员工	应发合计	6602.03	部门——技术部	2211
财务部	正式员工	应发合计	6602.03	部门——财务部	2211
行政人事部	正式员工	应发合计	6602.03	部门——行政人事部	2211
采购部	正式员工	应发合计	6602.03	部门——采购部	2211
生产车间	正式员工	应发合计	5001	无	2211
销售部	正式员工	应发合计	6601.03	部门——销售部	2211
仓管部	正式员工	应发合计	6602.03	部门——仓管部	2211
退休办	退休人员	应发合计	2241	无	2211

📌 操作指导

1. 工资数据录入

人事薪资组张爱萍登录金蝶 K/3 主控台，执行【人力资源】－【工资管理】－【工资业务】－【工资录入】命令，弹出【过滤器】维护界面。单击【增加】按钮，在系统弹出的【定义过滤条件】维护界面，定义过滤方案名称"在职员工"。选取前面定义的工资计算公式及需要录入的工资项目，单击【确定】按钮后完成过滤方案的新增，然后在【过滤器】维护界面选取刚才新增的过滤方案，如图 6-7 所示，单击【确定】进入【工资数据录入】维护界面，按照提供的实验数据正确输入。

执行【人力资源】－【工资管理】－【工资业务】－【工资计算】命令，按照向导提示计算工资。

图 6-7 工资数据录入过滤器

注意

① 工资数据录入界面中的灰色部分表示是由计算公式计算得来的，不允许修改，白色部分可以进行数据维护。

② 在录入过程中，可以利用计算器功能，进行批量快速录入，也可定义计算公式，进行简单计算并将结果回填。

2. 所得税计算

人事薪资组张爱萍登录金蝶 K/3 主控台，执行【人力资源】－【工资管理】－【工资业务】－【所得税计算】命令，系统弹出【过滤器】维护界面，如图 6-8 所示。选取【标准格式】，单击【确定】按钮进入【个人所得税数据录入】界面。先单击工具栏上的【方法】按钮，系统弹出【所得税计算方法】维护界面，选择【按工资发放期间计算】。

图 6-8　所得税计算过滤器

然后再进行个人所得税的初始设置，单击工具栏上的【设置】按钮，选择【编辑】页签，进入【个人所得税初始设置】界面。单击【新增】按钮，录入名称"个人所得税"，按照提供的实验数据输入所得税的税率类别、税率项目、所得计算等。

 注意

重新维护所得税选项后，系统会提示是否按新设置的条件重新进行所得税的计算。选择【确定】按钮，系统将根据设定的所得税参数计算所得税。

3. 工资数据中的所得税引入

人事薪资组张爱萍登录金蝶 K/3 主控台，执行【人力资源】—【工资管理】—【工资业务】—【工资录入】命令，选择过滤方案名称"在职员工"。单击【确定】按钮进入【工资数据录入[在职员工]】界面，选择【代扣税】一列，单击鼠标右键进行个人所得税的引入，如图 6-9 所示。引入后，所得税的数据将显示在【代扣税】列中。

图 6-9　所得税引入

4. 工资计算

人事薪资组张爱萍登录金蝶 K/3 主控台,执行【人力资源】—【工资管理】—【工资业务】—【工资计算】命令,在系统弹出的【工资计算向导】中单击选择框选取方案名称,依据向导完成工资计算,如图 6-10 所示。

图 6-10　工资计算向导

5. 费用分配

执行【人力资源】—【工资管理】—【工资业务】—【费用分配】命令,打开【费用分配】对话框,单击【编辑】页签,进入【费用分配】界面。单击【新增】按钮,然后按实验数据进行费用分配关系设置,其中"分配名称"及"摘要内容"都设置为"工资费用分配"。

系统管理员张婷登录金蝶 K/3 主控台,参照前述权限管理的操作授予张爱萍总账系统中凭证新增和查询的权限。

人事薪资组张爱萍登录金蝶 K/3 主控台,执行【人力资源】—【工资管理】—【工资业务】—【费用分配】命令,打开【费用分配】对话框,如图 6-11 所示,在【浏览】页签,单击选取刚设置的费用分配名称,选择【生成凭证】按钮,系统会提示已成功生成一张凭证及凭证字号等。在【工资凭证管理】中,可以查看该凭证。

6. 工资审核

人事薪资组主管葛微登录金蝶 K/3 主控台,执行【人力资源】—【工资管理】—【工资业务】—【工资审核】命令,选择需要审核的项目后单击【确定】按钮。

上述实验完成后,备份账套,备份文件名为"F 诚信电子公司(工资)"。

图 6-11　费用分配方案

7. 期末结账

人事薪资组主管葛微执行【人力资源】－【工资管理】－【工资业务】－【期末结账】命令，打开【期末结账】向导窗口，如图 6-12 所示，选中【本次】和【结账】，依据向导进行期末结账处理，完成后系统进入本月下一次工资发放。

图 6-12　期末结账

↗ 输出表单

业务处理的结果最终会体现到各种统计分析报表上。

人事薪资组张爱萍登录金蝶 K/3 主控台，执行【人力资源】－【工资管理】－【工资报表】－【个人所得税报表】命令，双击进入，可查询个人所得税的计算结果。

选择【人力资源】－【工资管理】－【工资报表】－【工资发放表】命令，系统弹出【过滤器】编辑界面，单击【编辑】按钮，在【定义过滤条件】界面完成过滤条件的维护后，即可查询个人或部门工资的发放结果。

注意

结账以后，报表期间的"次数"要选择"1"次，其中，个人所得税报表中的"方法"要选择"本期"，否则无法查询数据。

第 7 章 固定资产管理

7.1 系统概述

随着我国经济的发展，各企业及组织资产的拥有量不断增大，且在社会发展中扮演着越来越重要的角色。固定资产管理是对资产的取得、处理、折旧、出售、交换等整个生命周期进行管理，使管理者能够全面掌握企业当前固定资产的数量与价值，追踪固定资产的使用状况，提高资产利用效率。

固定资产管理系统以固定资产卡片管理为基础，帮助企业实现对固定资产新增、变动等的全面管理，并从财务核算的角度，在金额和折旧方面对企业的资产进行核算。

7.1.1 日常业务处理流程

固定资产的取得不管其来源方式如何，都需要建立固定资产档案，输入诸如资产编号、规格、存放地点、资产类别、使用年限、折旧方式等必要资料，取得后，每月需要计算折旧费用，使用一段时间后，会进行出售、交换、报废等处理，期末会进行资产盘点、账务核对等。一个完整的固定资产日常业务主要包括 5 个环节。

固定资产购置→固定资产增加→固定资产变动→固定资产减少→计提折旧

固定资产日常业务管理系统流程如图 7-1 所示。

(1) 固定资产购置是指企业固定资产采购业务的处理，包括采购申请、采购处理、收货验收处理，在系统中分别通过资产申请单、资产采购订单、资产验收单实现上述业务。

(2) 固定资产领用主要是确定验收后资产的用途、使用及保管责任单位或人员，同时也是财务核算的依据，在系统中通过新增资产领用单实现。

(3) 固定资产新增是指企业采购固定资产在安装验收完成后，根据相关资料在系统中建立固定资产卡片。

(4) 固定资产变动是指除新增和减少外，由于其他原因引起的固定资产价值或财务资料发生变化后，对固定资产卡片进行的相应调整，例如固定资产所属部门、存放地点、原值、累计折旧等资料的变更。

(5) 固定资产清理是指固定资产报损、毁坏、出售、盘亏等引起的固定资产减少的相关处理。

(6) 固定资产期末处理主要依据会计制度和准则的规定,完成对固定资产新增、减少、变动、计提折旧等业务的财务处理,将业务系统信息及时、准确传递到财务系统,保证账账相符。

图 7-1 固定资产系统流程图

7.1.2 重点功能概述

固定资产变动和固定资产清理管理是固定资产管理中比较复杂的业务。金蝶 K/3 固定资产系统相关功能应用如下。

1. 固定资产变动

固定资产在取得和使用过程中可能会有一些资料发生改变,改变的方式主要有以下 3 种。

第一,企业进行固定资产技术革新或改良后,或能延长固定资产的使用寿命,或使资产使用价值提高,或提高所制造产品的质量、降低所制造产品的成本等,这将给企业带来实际的经济效益,需要通过调整固定资产的账面价值将技术改造产生的成本资本化。

第二,根据固定资产实际运行情况和相关规定,如需要进行固定资产折旧方法、预计使用寿命、预计净残值等折旧要素的变更,在经过相关部门审批备案后,可利用系统的固定资产变动功能进行调整,系统从下期开始将按变动后的折旧要素计提折旧。

第三,当固定资产的使用情况、使用部门、存放地点等非价值信息发生改变时,需要在固定资产系统中,通过系统提供的变动功能,将变更的信息录入系统中,以确保固定资产数据的正确性,便于以后的跟踪管理。

2. 固定资产清理

企业的固定资产减少时需要进行固定资产清理,固定资产清理主要包括下列几种情况。

- 出售或转让不适用或不需用的固定资产。
- 报废已到使用年限的固定资产。
- 由于新技术的发展被淘汰的固定资产。
- 提前报废由于非常事故或自然灾害而损毁的固定资产。
- 对外投资转出的固定资产。
- 对外捐赠转出的固定资产。
- 以抵偿债务的方式转出的固定资产。
- 以非货币性交易换出或按照有关规定并经有关部门批准无偿调出的固定资产。

7.1.3 与其他系统的关系

固定资产系统与其他系统的关系如图 7-2 所示。

图 7-2 固定资产系统关系图

(1) 与总账联用时,固定资产系统录入的初始余额可以直接传递到总账系统,作为固定资产相关科目的初始余额;固定资产新增、变动、清理、折旧计提与费用分摊等业务处理可自动生成凭证传递到总账系统。

(2) 与成本管理系统联用时,固定资产管理系统的折旧费用数据可以直接引入成本管理系统,形成成本对象的折旧要素费用。

(3) 与报表系统联用时,可以利用取数公式,从固定资产系统中取数,编制用户需要的固定资产管理报表。

(4) 与资产购置系统联用时,固定资产领用单可以关联资产验收单生成,并通过固定资产领用单可以进行固定资产卡片的新增。

7.2 实验练习

实验一 初始化设置

固定资产初始化主要进行固定资产管理政策的设置,历史固定资产的盘点及历史卡片的整理。在系统中进行固定资产日常业务操作之前,先要进行系统初始化相关工作。一个完整的固定资产系统初始化包括下列4个环节。

核算参数设置→基础数据设置→历史卡片录入→结束初始化

(1) 核算参数是根据企业的管理规章进行固定资产管理及核算策略的设置,参数将影响以后固定资产的业务流程和处理方式。

(2) 基础数据包括固定资产的变动方式、使用状态、折旧方法、卡片类别、存放地点等固定资产的特有资料,以及科目、部门等公用资料。

(3) 历史卡片指系统上线前原手工维护的固定资产卡片,一般需要进行一次全面的固定资产实物盘点以保证数据的正确性。

(4) 结束初始化后系统进入日常业务的处理,初始数据将只能进行查询,不能修改。

➢ **应用场景**

制定固定资产卡片的折旧方法,统计公司已有的固定资产等。

➢ **实验步骤**

- 系统参数设置。
- 基础数据设置。
- 历史卡片录入。
- 结束初始化。

📤 操作部门及人员

在诚信电子公司,由财务部固定资产组刘丽佳负责固定资产初始化工作,由财务部经理许静负责审核。

📤 实验前准备

- 系统日期调整为 2015-02-01。
- 恢复前述备份账套"F 诚信电子公司(工资)"。

📤 实验数据

(1) 系统参数如表 7-1 所示。

表 7-1 系 统 参 数

参数项目名称	参 数 值
与总账系统相连	是
存放地点显示全称	否
卡片结账前必须审核	是
卡片生成凭证前必须审核	是
不允许转回减值准备	否
变动使用部门时当期折旧按原部门进行归集	是
与应付集成	否
不需要生成凭证	否
允许改变基础资料编码	否
期末结账前先进行自动对账	否
不折旧(对整个系统)	否
卡片最后一期修提基金按比例计提	否
默认汇率类型	公司汇率
资产管理系统卡片及单据的汇率允许手工修改	否
折旧率小数位	2
数量小数位	0
投资性房地产计算模式选择	成本模式

(2) 固定资产变动方式如表 7-2 所示。

表 7-2　固定资产变动方式

代码	名称	凭证字	摘要	对方科目	对方科目下有无设核算项目类别及明细
001.001	购入	记	购入固定资产	1002.01.01 银行存款——招行——人民币	无
002.001	出售	记	出售固定资产	1002.01.01 银行存款——招行——人民币	无

(3) 固定资产卡片类别如表 7-3 所示。

表 7-3　固定资产卡片类别

代码	名称	使用年限	净残值率	计量单位	预设折旧方法	固定资产科目	累计折旧科目	减值准备科目	卡片编码规则	折旧规则
001	办公设备	5	4	台	平均年限法(基于入账原值和入账预计使用期间)	1601	1602	1603	CXBG-	由使用状态决定是否计提折旧
002	运输工具	5	5	辆	双倍余额递减法	1601	1602	1603	CXYS-	由使用状态决定是否计提折旧
003	生产用设备	10	3	台	双倍余额递减法	1601	1602	1603	CXSC-	由使用状态决定是否计提折旧
004	其他	10	3	台	平均年限法(基于入账原值和入账预计使用期间)	1601	1602	1603	CXQT-	由使用状态决定是否计提折旧

(4) 存放地点如表 7-4 所示。

表 7-4　存 放 地 点

代码	名称
01	办公大厦
02	运输队
03	生产车间
04	销售部
09	其他

(5) 历史卡片如表 7-5 所示。

表 7-5 历 史 卡 片

基本信息	资产类别	办公设备	运输工具
	资产编码	CXBG-1	CXYS-1
	资产名称	投影仪	东风大卡车
	计量单位	台	辆
	数量	1	1
	入账日期	2013-01-25	2015-01-25
	存放地点	办公大厦	运输队
	经济用途	经营用	经营用
	使用状况	正常使用	正常使用
	变动方式	购入	购入
部门及其他	固定资产科目	1601 固定资产	1601 固定资产
	累计折旧科目	1602 累计折旧	1602 累计折旧
	使用部门(单一)	行政人事部	销售部
	折旧费用分配(单一)科目	6602.04 管理费用——折旧费	6601.04 销售费用——折旧费
	折旧费用科目下设"核算项目"类别	部门	部门
	核算项目明细	行政人事部	销售部
原值与折旧	(原值单币别)币别	人民币	人民币
	原币金额	125 000.00	1 200 000.00
	购进原值	125 000.00	1 200 000.00
	购进累计折旧	0	0
	开始使用日期	2015-01-25	2015-01-25
	预计使用期间数	60	60
	已使用期间数	24	0
	累计折旧	24 000.00	0
	累计折旧调整	0	0
	预计净残值	5 000.00	60 000.00
	减值准备	0	0
	折旧方法	平均年限法(基于入账净值与剩余使用期间)	双倍余额递减法

(续表)

初始化数据	本年原值调增	0	0
	本年原值调减	0	0
	本年累计折旧调增	0	0
	本年累计折旧调减	0	0
	本年减值准备调增	0	0
	本年减值准备调减	0	0
	本年已提折旧	2 000.00	0
	本年数量调整	0	0

备注：卡片上有而本表没有的项目，取系统默认值，不要填写。

操作指导

1. 设置系统参数

系统管理员许静登录金蝶 K/3 主控台，执行【系统设置】—【系统设置】—【系统参数设置】命令，系统弹出【基础平台[系统参数配置平台]】窗口。选中"固定资产系统"，进入固定资产系统参数维护界面。按照提供的实验数据在"调整后参数"栏正确输入，如图 7-3 所示。

图 7-3　固定资产系统参数

> 系统预设参数、行业(默认)参数、存在差异栏数据不允许修改，由系统预设或自动生成。

2. 设置基础数据

固定资产组刘丽佳登录金蝶 K/3 主控台，执行【资产管理】－【固定资产管理】－【基础资料】－【变动方式类别】命令，打开【变动方式类别】对话框，选中"001 增加"下面的"001.001 购入"，如图 7-4 所示。

图 7-4　选择变动方式类别

单击【修改】按钮，在【变动方式类别-修改】窗口，按照提供的实验数据正确输入，如图 7-5 所示。

图 7-5　变动方式类别

用类似的方法，可以进行卡片类别、存放地点的新增。

注意

如果固定资产变动业务需要自动生成记账凭证，必须进行"固定资产变动方式"中"对方科目代码"、"凭证字"、"凭证摘要"、"核算项目"的设置。

3. 历史卡片录入

刘丽佳执行【资产管理】－【固定资产管理】－【业务处理】－【新增卡片】命令，打开【卡片及变动-新增】对话框，如图 7-6 所示，按照提供的实验数据正确输入。

 注意

如果企业已有固定资产的电子文档，则可以在 Excel 中编辑固定资产卡片资料，再导入到账套中。

图 7-6　固定资产卡片新增

4. 结束初始化

刘丽佳执行【系统设置】－【初始化】－【固定资产】－【初始化】命令，打开【结束初始化】对话框，如图 7-7 所示，单击【开始】按钮，结束固定资产系统初始化。

图 7-7　结束初始化

① 同总账联用时,在结束初始化前,需要确定固定资产初始卡片中维护的原值、累计折旧、减值准备的初始余额与总账对应会计期间相应科目余额相符。

② 一旦结束初始化,所有固定资产初始卡片将不能再进行新增、修改、删除等处理,只能进行查询。

实验二　日常固定资产业务处理

↗ 应用场景

对固定资产进行购置、卡片新增、计提折旧、报废、清理等业务处理。

↗ 实验步骤

- 固定资产购置。
- 新增固定资产卡片。
- 固定资产变动。
- 固定资产清理。
- 计提折旧。
- 固定资产单据生成凭证。
- 期末结账。

↗ 操作部门及人员

在诚信电子公司,由财务部固定资产组刘丽佳负责固定资产日常处理工作,由财务部经理许静负责审核。

7 **实验前准备**

继续前述账套操作。

7 **实验数据**

新增资产类物料信息,如表 7-6 所示。

表 7-6 新增资产类物料

物料编码	04
物料名称	资产类物料
计量单位组	固定资产组二
计价方法	加权平均法
存货科目	1601
销售收入科目	6301
销售成本科目	6711
税率/%	0

新增资产申请单信息,如表 7-7 所示。

表 7-7 新增资产申请单

单据编号	系统自动生成
申请日期	2015-02-01
申请部门	财务部
使用部门	生产一车间
申请人	刘丽佳
物料编码	04
计划申请数量	1
计划采购数量	1

新增资产采购订单信息,如表 7-8 所示。

表 7-8 新增资产采购订单

单据编号	系统自动生成
单据日期	2015-02-01
采购部门	采购部

(续表)

供应商	美国高盛
业务员	李大勇
物料编码	04
采购数量	1
采购单价	1 600 000.00

新增资产验收单信息，如表7-9所示。

表7-9 新增资产验收单

单据编号	系统自动生成
单据日期	2015-02-01
验收部门	生产一车间
验收人	张二柱
物料编码	04
数量	1
采购单价	1 600 000.00

新增资产领用单信息，如表7-10所示。

表7-10 新增资产领用单

单据编号	系统自动生成
单据日期	2015-02-01
领用部门	生产一车间
领用人	张二柱
资产类别	生产用设备
存放地点	生产车间
经济用途	经营用
物料编码	04
数量	1
采购单价	1 600 000.00

新增固定资产卡片信息，如表7-11所示。

表 7-11 新增固定资产卡片

	项目	内容
基本信息	资产类别	生产用设备
	资产编码	CXSC-1
	资产名称	加工机床
	计量单位	台
	数量	1
	入账日期	2015-02-01
	存放地点	生产车间
	经济用途	经营用
	使用状况	正常使用
	变动方式	购入
部门及其他	固定资产科目	1601 固定资产
	累计折旧科目	1602 累计折旧
	使用部门(单一)	生产一车间
	折旧费用分配(单一)科目	5101 制造费用
	折旧费用科目下设"核算项目"类别	部门
	核算项目明细	无
原值与折旧	(原值单币别)币别	人民币
	原币金额	1 600 000.00
	购进原值	1 600 000.00
	购进累计折旧	0
	开始使用日期	2015-02-01
	预计使用期间数	120
	已使用期间数	0
	累计折旧	0
	累计折旧调整	0
	预计净残值	48 000.00
	减值准备	0
	折旧方法	双倍余额递减法

备注：卡片上有而本表没有的项目，取系统默认值，不要填写。

固定资产部门变动如表 7-12 所示。

表 7-12 固定资产部门变动

固 定 资 产	变 动 日 期	变动后存放地点	变 动 方 式
CXYS-1 东风大卡车	2015-02-28	销售部	其他

固定资产清理如表 7-13 所示。

表 7-13 固定资产清理

固 定 资 产	清 理 日 期	清 理 费 用	残 值 收 入	变 动 方 式
CXBG-1 投影仪	2015-02-28	1 000.00	9 000.00	002.001 减少——出售

> 操作指导

1. 固定资产购置

以刘丽佳的身份登录 K/3 主控台,执行【系统设置】—【基础资料】—【公共资料】—【物料】。在【基础平台-物料】主页面,点击【新增】按钮,按照实验数据新增资产类物料,如图 7-8 所示。

图 7-8 新增资产类物料

刘丽佳执行【资产管理】—【资产购置】—【资产申请】—【资产申请单-新增】命令,打开【资产申请单-新增】对话框,按照提供的实验数据正确输入,并保存,如图 7-9 所示。

图 7-9　新增资产申请单

单据保存后选择菜单【编辑】－【启动多级审核】。

以许静的身份登录 K/3 主控台，执行【系统设置】－【系统设置】－【资产管理】－【资产购置-多级审核管理命令】，选择"资产申请单"，点击流程图中的"流程节点 2000"，在右侧的属性框中点击"审核权限"的【…】按钮，选择"许静"作为该级审核人，单击【保存】按钮，如图 7-10 所示。

图 7-10　设置资产申请单的多级审核

同样，将"资产采购订单"、"资产验收单"的多级审核权限也授予许静。

以许静身份执行【资产管理】—【资产购置】—【资产申请】—【资产申请单-维护】命令，进入资产购置系统的序时簿。选择刚才录入的资产申请单，单击【审核】按钮，完成单据审核，如图7-11所示。

图7-11　审核资产申请单

以刘丽佳的身份登录K/3主控台，在资产申请单序时簿界面，通过选中审核后的资产申请单，单击工具栏上的【下推】按钮，依据实验数据，完成下游单据资产采购订单的录入。

以许静的身份登录K/3，对刚才生成的资产采购订单进行审核，如图7-12所示。

图7-12　资产采购订单

以刘丽佳的身份登录K/3主控台，在资产采购订单序时簿界面，通过选中审核后的资产采购订单，单击工具栏上的【下推】按钮，依据实验数据，完成下游单据资产验收单的录入。

以许静的身份登录 K/3，对刚才生成的资产验收单进行审核，如图 7-13 所示。

图 7-13　资产验收单

以刘丽佳的身份登录 K/3 主控台，在资产验收单序时簿界面，通过选中审核后的资产验收单，点击工具栏上的【下推】按钮，依据实验数据，完成下游单据资产领用单的录入。

以许静的身份登录 K/3，对刚才生成的资产领用单进行审核，如图 7-14 所示。

① 在进行固定资产购置业务操作之前，需要参照第 5.1.2 节实验二中的物料新增处理，依据实验数据完成"资产类物料"的新增。

② 资产申请单、资产采购订单、资产验收单、资产领用单在审核前，需要通过序时簿"编辑"菜单中的"启用多级审批"先进行审批功能的启用，特别需要注意的是，在未录入任何单据前不能进行多级审批流程的启用。

③ 单据关联生成系统提供"上拉"和"下推"两种方式。上拉是指在目的单据新增界面通过选择上游单据类型和单据生成；下推是指在源单序时簿通过选中源单，单击工具栏"下推"按钮生成。

图 7-14　资产领用单

2. 新增固定资产卡片

刘丽佳执行【资产管理】—【固定资产管理】—【业务处理】—【资产领用单转固定资产卡片】命令,打开【资产领用单转固定资产卡片】对话框,通过过滤找到对应的资产领用单,勾选该行的【选择】按钮,再单击右下角【行记录生成按钮】,系统将弹出【资产领用单按行记录生成】窗口,在该窗口可进行"本次转出数量"的维护,完成后单击右下角【确认】按钮,系统将自动关闭【资产领用单按行记录生成】窗口,并在"固定资产卡片记录"序时簿中生成一条记录。

选中系统自动生成的固定资产卡片记录,单击右下方的【卡片编辑】按钮,系统将弹出【卡片及变动-修改】窗口,按照提供的实验数据正确输入固定资产卡片信息,确认后返回,单击右下方【卡片生成】按钮,系统将自动根据保存的记录生成一张固定资产卡片,如图 7-15 所示。

① 通过"新增复制"功能可以实现同时新增多个相同的固定资产。使用"新增复制"功能时,除资产编码顺序加 1 外,其他信息都复制到新卡片中,可以进行修改后保存。

② 固定资产卡片除了通过上述所示"固定资产领用单转固定资产卡片"生成以外,可以通过【资产管理】—【固定资产管理】—【业务处理】—【新增卡片】命令直接在系统中进行固定资产卡片的新增。

图 7-15　固定资产领用单转固定资产卡片

3. 固定资产变动

刘丽佳执行【资产管理】—【固定资产管理】—【业务处理】—【变动处理】命令，打开【卡片管理】对话框，选中需要变动的固定资产卡片后，单击工具栏中【变动】按钮，在固定资产卡片维护界面，按照提供的实验数据进行固定资产存放地点的变动，如图 7-16 所示。

图 7-16　固定资产变动

注意

① 固定资产变动后的金额，不允许出现负净额或零的情况。
② 多张卡片发生变动的内容相同时，可以通过"批量变动"功能提高工作效率。

4. 固定资产清理

刘丽佳执行【资产管理】—【固定资产管理】—【业务处理】—【变动处理】命令，打开【卡片管理】对话框，通过过滤条件框选中需要清理的固定资产卡片，单击工具栏中的【清理】按钮，打开【固定资产清理-新增】对话框，如图 7-17 所示，按照提供的实验数据进行固定资产清理数据的录入及保存。

以许静的身份登录系统，对刚生成的固定资产清理记录进行审核。

注意

① 当期已进行变动的资产需要将变动信息删除后才能进行清理。
② 用户可利用系统提供的固定资产到期提示表，查询本期有哪些到期的固定资产，如确认清理，可在固定资产到期提示表上直接进行清理。
③ 如果多项固定资产清理的方式相同，为提高工作效率，可以利用系统提供的"批量清理"功能同时进行。

图 7-17　固定资产清理

5. 计提折旧

许静执行【资产管理】—【固定资产管理】—【期末处理】—【计提折旧】命令，双击进入，依据向导完成固定资产折旧计提，如图7-18所示。

① 计提折旧前审核所有卡片及变动记录。
② 为了保证折旧数据的正确性，计提折旧时不允许其他用户同时使用系统。

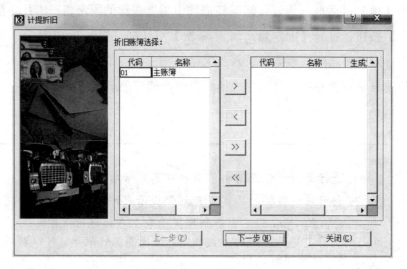

图 7-18 计提折旧

6. 根据单据生成凭证

许静执行【资产管理】—【固定资产管理】—【凭证管理】—【卡片凭证管理】命令，打开【凭证管理-过滤方案设置】对话框，设置过滤条件，然后单击【确认】按钮，进入【凭证管理】对话框，选择需要生成凭证的固定资产卡片，选择菜单【编辑】—【按单生成凭证】，系统弹出【凭证管理——按单生成凭证】窗口，如图7-19所示，单击【开始】按钮，依据系统提示完成会计凭证的生成。

采用同样的操作可以完成资产购置中资产验收单凭证的生成，通过总账凭证查询，可以查看到所生成的2张凭证。

注意

① 在凭证生成过程中如出现错误,可以通过"凭证选项"设置,选择系统进行错误提示,允许手工维护。

② 通过资产验收单下推生成的固定资产新增卡片,不能直接生成凭证,而是通过资产验收单生成凭证。

图 7-19　按单生成凭证

7. 自动对账

许静执行【资产管理】—【固定资产管理】—【期末处理】—【自动对账】命令,打开【对账方案】对话框,如图 7-20 所示,单击【增加】按钮,在系统弹出的【固定资产对账】窗口设置对账方案。固定资产原值科目为 1601,累计折旧科目为 1602,减值准备科目为 1603。单击【确定】后系统自动返回【对账方案】维护界面。再单击【确定】按钮,系统自动列示总账系统和固定资产系统的相关数据。

 注意

注意选中过滤条件中的【包括未过账凭证】。

图 7-20　自动对账

上述实验完成后，备份账套，备份文件名为"F 诚信电子公司(固定资产)"。

8. 期末结账

刘丽佳执行【资产管理】-【固定资产管理】-【期末处理】-【期末结账】命令，打开【期末结账】向导窗口，如图 7-21 所示，单击【开始】按钮，依据系统提示完成固定资产结账，结账后系统进入下一个会计期间。

图 7-21　期末结账

↗ 输出表单

以财务部经理许静的身份登录金蝶 K/3 主控台,执行【资产管理】-【固定资产管理】-【管理报表】-【固定资产变动及结存表】命令,系统弹出【方案设置】窗口。录入过滤方案后,单击【确定】,即可查看固定资产变动及结存情况。

用类似的方法可进行固定资产折旧汇总表等其他报表的查看。

第 8 章 现金管理

8.1 系统概述

现金包括企业库存资金以及银行存款。现金管理用于管理企业范围内的现金流动和控制现金的业务操作。通过现金管理系统，使用者可以直接查询到企业的现金流动状况，并分析企业范围的现金管理需求和货币风险，确保现金资源的流动性和最佳使用。

8.1.1 现金管理基本业务处理流程

现金管理系统中的业务处理相对比较独立，主要由以下几个部分组成，如图 8-1 所示。

(1) 现金的日常业务处理。登记现金日记账之后，在每个周期阶段编制现金盘点表，并与现金账进行对账。其中也提供了报表分析和查询的工具，来分析现金的支出和收入情况。

(2) 银行存款的日常业务处理。对于在银行的每一笔存款进行登记入账，同时录入银行所反馈的对账单。在每个周期阶段对银行的存款进行对账，并对银行存款的余额进行调节。其中，提供了报表分析工具，查询长期未到账的款项，以及相关的存款日报表、总账对账报表等。

(3) 票据的日常业务处理，包括了对支票、本票、汇票等各种票据以及汇兑、托收承付、委托收款、利息单等结算凭证的处理业务。

(4) 期末处理。总结会计期间(如月度和年度)资金的经营活动情况，定期进行结账。

(5) 报表处理。现金管理中所关心的报表主要包括资金头寸表和到期预警表。资金头寸表用于查阅各个日期或期间的资金(现金和银行存款)余额，到期预警表主要是提供应收商业汇票及应付商业汇票的到期预警功能。

图 8-1 现金管理系统业务处理

8.1.2 重点功能概述

在现金管理系统中最重要的功能是现金管理,以及银行存款的管理。

1. 现金管理

现金管理工作主要是出纳的职责,其主要的业务是对现金收入、付出和库存进行预算、监督和控制,是财务管理中资金管理的重要内容。现金的业务处理包括现金日记账、现金盘点单、现金对账,以及与现金管理相关的业务处理功能。

现金日记账是一种账簿,用来逐日逐笔反映库存现金的收入、支出和结存情况,以便于对现金的保管、使用及现金管理制度的执行情况进行严格的日常监督及核算。现金日记账登记的依据是经过复核无误的收款记账凭证和付款记账凭证。

现金盘点单是指出纳人员在每天业务终了以后,对现金进行盘点的结果。其结果将录入系统中,作为现金业务处理的记录依据。

现金对账是指系统自动将出纳账与日记账(总账)当期现金发生额、现金余额进行核对,并生成对账表。

现金日报表是为了便于企业及时掌握货币资金的流动情况而提供的报表。通过当日现金收支及账面余额的输出,不仅为企业现金的管理提供了方便,而且为管理者及时了解和掌握本企业的资金状况和合理运用资金提供了参考数据。

2. 银行存款管理

银行存款管理提供了相关的业务处理功能，使企业能方便地对银行中的存款进行监督和管理，便于协调企业内部的现金管理。银行存款管理的业务包括：银行存款日记账、银行对账单、银行存款对账、余额调节、长期未达账、银行存款与总账对账等。

银行存款日记账是用来逐日逐笔反映银行存款增减变化和结余情况的账簿。通常，银行存款日记账由出纳人员进行登记。通过银行存款日记账，可以序时详尽提供每一笔银行存款收付的具体信息，全面反映银行存款的增减变化与结存情况。银行存款日记账的登记依据是收款凭证和付款凭证。

银行对账单是用来录入银行定期所出具的对账单据，并进行相应的查询处理。

银行存款对账是企业的银行存款日记账与银行出具的银行对账单之间的核对。企业的结算业务大部分要通过银行进行结算，但由于企业与银行的账务处理和入账时间的不一致，往往会发生双方账面不一致的情况。为了防止记账发生差错，准确掌握银行存款的实际金额，企业必须定期将企业银行存款日记账与银行出具的对账单进行核对。

余额调节是指当银行存款业务对账完毕后，为检查对账结果是否正确、查询对账结果，应编制银行存款余额调节表。余额调节表是根据未勾选的银行存款日记账和银行对账单自动生成。

长期未达账是指在企业的现金业务处理过程中，有时会出现个别业务长期未达的情况。这说明企业记账、银行结算、银行对账等多个环节中出现了差错。通过长期未达账来协助用户查询输出这类长期未达账项，以辅助财务人员分析查找造成长期未达的原因，避免资金丢失。

银行存款与总账对账是指系统自动将出纳账与日记账(总账)当期银行存款发生额、余额进行核对，并生成对账表。正确结果是现金管理系统、总账系统完全一致。若两者余额或发生额有差异，就需要核对明细账，查明发生差异的原因。

8.1.3 与其他系统的关系

现金管理系统与其他系统的关系如图8-2所示。

图8-2 现金管理关系图

现金管理系统主要与总账、应收应付系统有关联关系。

总账系统中现金、银行存款类账户,其科目余额可以同现金管理系统的日记账余额进行核对、对账,总账系统的明细账数据可以导入到出纳系统,形成出纳系统的日记账。

现金管理系统的票据、付款单、付款申请单可以传递到应付系统,同样,应付系统也可以传递到现金管理系统。

现金管理系统和应收系统的票据可以互传,现金管理系统的收款单可以传递到应收系统。

8.2 实验练习

实验一 初始化设置

↗ 应用场景

在开始处理现金管理系统的业务前,要进行初始的业务数据设置,以及相关参数设置。

↗ 实验步骤

- 录入系统初始的业务数据。
- 设置现金管理的系统参数。
- 结束初始化。

↗ 操作部门及人员

现金管理的业务由财务部的出纳李梅负责。

↗ 实验前准备

- 将系统日期调整为 2015-02-01。
- 恢复前述备份账套:F 诚信电子公司(固定资产)。

↗ 实验数据

(1) 银行账号如表 8-1 所示。

表 8-1 银行账号

代码	001	002	003
名称	中国工商银行	中国工商银行	中国银行
银行接口类型	中国工商银行	中国工商银行	中国银行
银行账号	888888	666666	333333
账号名称	诚信电子公司	诚信电子公司	诚信电子公司
开户行	中国工商银行深圳分行	中国工商银行深圳分行	中国银行深圳分行

(2) 期初余额如表 8-2 所示。

表 8-2 期初余额

科目代码	科目名称	累计借方发生额	累计贷方发生额	期初余额
1001	现金	100 000.00	30 000.00	80 000.00

(3) 银行账期初余额如表 8-3 所示。

表 8-3 银行账期初余额

科目代码	科目名称	银行账号	对账单期初余额	日记账期初借方累计余额	日记账期初贷方累计余额	日记账期初余额
1002.01.01	人民币	888888	9 116 500.00	278 000.00	515 000.00	9 016 500.00
1002.01.02	美元	666666	80 000.00	80 000.00	0	80 000.00
1002.02	中行	333333	0	0	0	0

(4) 企业未达账如表 8-4 所示。

表 8-4 企业未达账

科目	币别	日期	摘要	结算方式	结算号	贷方金额
1002.01.01	人民币	2015.1.20	收到浦东金贸公司货款	电汇	6001	2 000 000.00

(5) 银行未达账如表 8-5 所示。

表 8-5 银行未达账

科目	币别	业务日期	摘要	结算方式	结算号	借方金额
1002.01.01	人民币	2015.1.25	收到货款	电汇	6002	1 900 000.00

↗ 操作指导

1. 设置基础数据

将系统日期设置为 2015 年 2 月 1 日。
主要内容是检查现金和银行存款科目属性等是否设置正确，结算方式设置是否正确。
(1) 以出纳李梅的身份登录 K/3 主控台。进入路径：【开始】—【程序】—【金蝶 K/3WISE】—【金蝶 K/3WISE】。
(2) 设置参数。
在 K/3 主界面，执行【系统设置】—【基础资料】—【公共资料】—【科目】命令，打开【会计科目】对话框。在科目界面,找到"1001 库存现金"科目,双击弹出现金科目的修改窗口,确保【现金科目】选项被选中,如图 8-3 所示。

图 8-3 设置现金科目

退出,以同样的方式找到"1002 银行存款"科目,对其属性进行查看,确保选中【银行科目】选项。

在 K/3 主界面,执行【系统设置】—【基础资料】—【公共资料】—【结算方式】命令,打开【基础平台[结算方式]】对话框,了解一下现有的几种结算方式,如图 8-4 所示。

图 8-4 结算方式

2. 设置系统参数

在 K/3 主界面,执行【系统设置】—【系统设置】—【现金管理】—【系统参数】命令,进入【系统参数】窗口,选择【现金管理】页签,勾选【结账与总账期间同步】

选项，如图 8-5 所示，以控制现金系统的结账期间同总账系统保持一致，避免出现不一致的情况。为此，应该先进行现金系统结账，然后进行总账系统结账。

图 8-5　现金管理的参数设置

3. 设置银行账号

以许静的身份在 K/3 主界面，执行【系统设置】－【基础资料】－【公共资料】－【核算项目管理】命令，进入【全部核算项目界面】窗口。选择左边【核算项目】下的【银行账号】，先单击右边的窗口，再单击【新增】按钮，按照实验数据输入银行账号信息，如图 8-6 所示。

图 8-6　设置银行账号

4. 录入初始数据

以李梅的身份登录系统，在 K/3 主界面，执行【系统设置】－【初始化】－【现金管理】－【初始数据录入】命令，进入【现金管理系统-[初始数据录入]】窗口。单击【引入】按钮，在弹出的窗口中设置期间为 2015 年第 2 期，如图 8-7 所示。单击【确定】之后，系统将从总账引入"库存现金"、"银行存款"等科目和余额。

图 8-7 从总账引入科目

引入完成后，在界面中选择"科目类别"为"银行存款"，按照实验数据，在表格中选择银行账号，并修改对账单期初余额。

单击【企业未达账】按钮，进入【企业未达账】窗口。然后单击【新增】按钮，选择科目为"1002.01.01"，按照实验数据，录入相应的企业未达账的信息，如图 8-8 所示。

图 8-8 设置企业未达账

单击【银行未达账】按钮，进入【银行未达账】窗口，单击【新增】按钮，选择科目为"1002.01.01"，按照实验数据，录入相应的银行未达账的信息，如图 8-9 所示。

图 8-9　设置银行未达账

单击【余额表】按钮，进入【余额调节表】窗口，确认表应该是平衡的，如图 8-10 所示。

图 8-10　余额调节表

5. 结束初始化

在【初始数据录入】窗口，执行【编辑】—【结束新科目初始化】命令，在系统弹出的提示窗口中，单击【确定】，结束初始化工作。

注意

① 一旦结束初始化，所有的初始数据将不能再修改、再录入。
② 如果发现初始化数据错误，可以通过反初始化后，再进行修改。

实验二　现金日常业务处理

↗ 应用场景
出纳对日常的现金业务的处理。

↗ 实验步骤
- 登记现金日记账。
- 编制现金盘点表。
- 现金盘点表与现金账对账。
- 查询现金日报表。

↗ 操作部门及人员
现金管理的业务由财务部的出纳李梅负责。

↗ 实验前准备
- 按照前述账套继续操作。

↗ 实验数据
引用总账系统数据登记日记账。

↗ 操作指导

1. 登记现金日记账

以李梅的身份登录系统，在 K/3 主界面，执行【财务会计】—【现金管理】—【总账数据】—【引入日记账】命令，在弹出的窗口中设置相关信息如下：引入方式为【按现金科目】；日期为【使用凭证日期】；期间模式为【引入本期所有凭证】；其他采用系统默认值。单击【引入】按钮，完成现金日记账的记账工作，如图 8-11 所示。

图 8-11　引入日记账的设置

212

2. 录入现金盘点单

在 K/3 主界面，执行【财务会计】－【现金管理】－【现金】－【现金盘点单】命令，打开【现金盘点单】对话框。单击【新增】，在"100 元"和"把(百张)"交叉的单元格中录入 8，在"50 元"和"尾款数 1 个"交叉的单元格中录入 10，金额小计自动显示为 80 500，单击【保存】，完成现金盘点单的录入，如图 8-12 所示。

图 8-12　现金盘点单

3. 对账

在 K/3 主界面，执行【财务会计】－【现金管理】－【现金】－【现金对账】命令，在弹出的【现金对账】对话框中设置过滤条件，单击【确定】，系统将显示出现金管理系统与总账管理系统的余额、差异情况，可查看和分析这些数据，如图 8-13 所示。

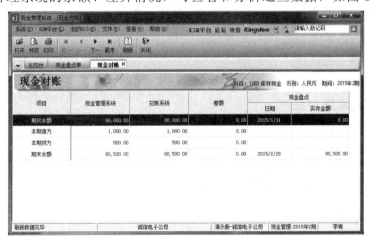

图 8-13　现金对账

↗ **输出表单**

在 K/3 主界面，执行【财务会计】—【现金管理】—【现金】—【现金日报表】命令，在弹出的窗口中设置过滤条件，系统显示出现金的报表情况，如图 8-14 所示。

图 8-14　现金日报表

实验三　银行存款日常业务处理

↗ **应用场景**

出纳对银行存款业务的处理。

↗ **实验步骤**

- 登记银行存款日记账。
- 录入银行对账单。
- 银行存款对账。
- 查询余额调节表。
- 查询银行对账日报表。
- 与总账对账。

↗ **操作部门及人员**

由财务部的出纳李梅负责该业务处理。

↗ **实验前准备**

- 直接采用前述操作账套。

↗ **实验数据**

(1) 银行存款日记账。

参照现金日记账的操作，引用总账系统数据。

(2) 银行对账单如表 8-6 所示。

表 8-6 银行对账单

日　　期	摘　　要	借贷方向	金　　额	科目	账　　号
2015-02-02	取现	借方	1 000	1002.01.01	888888
2015-02-10	货款入账	贷方	1 900 000	1002.01.01	888888
2015-02-02	现金存入	贷方	200	1002.02	666666

↗ **操作指导**

1. 登记银行存款日记账

将系统日期调整为 2015 年 2 月 10 日。

在 K/3 主界面，执行【财务会计】－【现金管理】－【银行存款】－【银行存款日记账】命令，在弹出的窗口中不用修改设置，单击【确定】，进入【银行存款日记账】界面。在该界面，单击【引入】按钮，引入银行存款日记账，如图 8-15 所示。

图 8-15 引入银行存款日记账

2. 录入银行对账单

在 K/3 系统主界面，执行【财务会计】－【现金管理】－【银行存款】－【银行对账单】命令，打开【银行对账单】过滤条件框，不用修改任何设置，单击【确定】进入

【银行对账单】窗口。

单击【新增】,选择界面上的科目为"1002.01.01",按照实验数据,录入银行对账单的实验数据并保存,如图8-16所示。

同理,选择科目为"1002.02",再录入实验数据,保存。

图 8-16　银行对账单录入

3. 银行存款对账

在K/3系统主界面,执行【财务会计】—【现金管理】—【银行存款】—【银行存款对账】命令,在弹出的窗口中,不用修改过滤条件,进入【银行存款对账】界面,如图8-17所示。

图 8-17　银行存款对账

单击【自动】按钮，在弹出的窗口中，选择【自动对账设置】页签，取消所有勾选的选项，如图 8-18 所示，单击【确定】，系统将开始对账。对账完毕，系统显示完成对账的记录数。在窗口中只显示出未完成对账的单据的内容。

图 8-18　银行存款对账设置

4. 查询余额调节表

在 K/3 系统主界面，执行【财务会计】－【现金管理】－【银行存款】－【余额调节表】命令，在弹出的对话框中，不用设置过滤条件，进入【余额调节表】界面，可以查看到银行存款科目的余额调节表，如图 8-19 所示。

单击【下一】按钮，可以查询下一个银行存款科目的余额调节表。

图 8-19　余额调节表

5. 银行存款与总账对账

在 K/3 系统主界面，执行【财务会计】－【现金管理】－【银行存款】－【银行存款与总账对账】命令,在弹出的对话框中,不用设置过滤条件,进入后将显示相应的对账结果信息,此时可分析对账信息,如图 8-20 所示。

图 8-20　银行存款与总账对账

↗ 输出表单

1. 长期未达账

在 K/3 系统主界面,执行【财务会计】－【现金管理】－【银行存款】－【长期未达账】命令,设置过滤条件,将显示出相应的报表信息。

2. 银行对账日报表

在 K/3 系统主界面,执行【财务会计】－【现金管理】－【银行存款】－【银行对账日报表】命令,设置条件,将显示相应的报表信息。

3. 银行存款日报表

在 K/3 系统主界面,执行【财务会计】－【现金管理】－【银行存款】－【银行存款日报表】命令,设置条件,将显示相应的报表信息。

实验四　票据管理

↗ 应用场景

出纳对票据的管理业务。

↗ 实验步骤

- 管理票据备查簿。

- 管理企业支票。
- 查询资金头寸表。
- 期末结账。

↗ 操作部门及人员

由财务部的出纳李梅负责该业务处理。

↗ 实验前准备

- 直接采用前述操作账套。

【实验数据】

2015 年 2 月 1 日，从 888888 账户购置支票。

支票类型：现金支票。支票规则：00A345678**。起始号码：1。结束号码：50。

领用支票号：1。领用日期：2015 年 2 月 2 日。预计报销日期：2015 年 2 月 2 日。使用限额：1 000 元。领用部门：财务。领用人：李梅。领用用途：提取备用金。

↗ 操作指导

1. 管理支票

将系统日期调整为 2015 年 2 月 1 日。

在 K/3 系统主界面，执行【财务会计】－【现金管理】－【票据】－【支票管理】命令，打开【支票管理】对话框。

单击窗口左侧的【支票购置】，右侧的表格将发生变化。单击【购置】按钮，弹出【支票购置】界面。选择【新增】，在【新增支票购置】界面，按照实验数据，选择相应的支票类型，并在支票规则中设置支票号码的固定格式为"00A345678**"，表示最后两位为流水号，起始号码和结束号码按照实验数据输入，如图 8-21 所示。

图 8-21 新增支票购置

将系统日期调整为 2015 年 2 月 2 日。返回【支票管理】界面，单击【领用】按钮，进入【支票领用】窗口。参照实验数据进行输入，如图 8-22 所示。

图 8-22　支票领用

2. 管理票据备查簿

票据备查簿的相关操作留给读者自己做练习，具体实验数据不再详细介绍。

在 K/3 系统主界面，执行【财务会计】－【现金管理】－【票据】－【票据备查簿】命令，设置过滤条件，进入【票据备查簿】对话框，单击窗口左侧的【票据备查簿】，右侧的表格会发生变化。单击【新增】，在【收款票据】界面，选择菜单【编辑】－【新增收款票据】－【电汇凭证】，即可录入数据。

➢ 输出表单

1. 资金头寸表

在 K/3 系统主界面，执行【财务会计】－【现金管理】－【报表】－【资金头寸表】命令，选择过滤条件，可以显示出相应的信息。

2. 到期预警表

在 K/3 系统主界面，执行【财务会计】－【现金管理】－【报表】－【到期预警表】命令，选择过滤条件，可以显示出相应的信息。

实验五 期末处理

↗ 应用场景
出纳在每期末(月末、季度末)进行结账业务处理。

↗ 实验步骤
- 期末结账。

↗ 操作部门及人员
由财务部的出纳李梅负责。

↗ 实验前准备
- 直接采用前述账套。

↗ 实验数据
无。

↗ 操作指导
在 K/3 系统主界面，执行【财务会计】－【现金管理】－【期末处理】－【期末结账】命令，弹出【期末结账】向导，单击【开始】，如图 8-23 所示，系统将进行结账处理。结账完毕之后，系统将进入下一期的业务处理期间。

图 8-23 期末结账

系统还提供"反结账"的功能，但是建议大家不要轻易进行结账、反结账处理。上述试验做完后，备份账套，备份文件名：F 诚信电子公司(现金管理)。

第9章 报表

9.1 系统概述

企业使用了信息化管理系统之后,将会产生大量的业务数据。如果对这些数据进行分析整理,可以得到许多有用的信息,并帮助企业从各个方面了解当前的运营状况,成为作出各项决策的定量化依据。报表系统可帮助用户快速、准确地编制各种个性化报表,为客户提供各种所需的决策分析信息。

9.1.1 报表系统基本业务处理流程

报表系统中不涉及具体的业务功能,其主要数据来源是各个业务系统所产生的业务数据和财务数据。产生报表的基本流程如下:

(1) 选择所需的报表模板。
(2) 定义报表的格式。
(3) 定义报表的取数公式。
(4) 查询所生成的报表。

9.1.2 重点功能概述

在报表管理系统中可以生成多种格式的表,本节仅介绍对企业管理非常有用的三大报表:利润表、资产负债表和现金流量表。

1. 利润表

利润表是反映企业一定时期的经营成果和经营成果的分配关系。它是企业生产经营成果的集中反映,是衡量企业生存和发展能力的主要尺度。

利润表包括两个方面:一是反映公司的收入及费用,说明公司在一定时期内的利润或亏损数额,据以分析公司的经济效益及盈利能力,评价公司的管理业绩;另一部分反映公司财务成果的来源,说明公司的各种利润来源在利润总额中所占的比例,以及这些来源之间的相互关系。通过对利润表中收入和费用的各个项目进行分析,查看各个项目的增减变动趋势,据此可判定公司的管理水平和财务状况,预测公司的发展前景。

2. 资产负债表

资产负债表是反映公司某一特定日期(月末、年末)全部资产、负债和所有者权益情况的会计报表。它的基本结构是"资产=负债+所有者权益"。不论公司处于怎样的状态，该会计平衡式永远是恒等的。

利用资产负债表的资料，可以看出公司资产的分布状态、负债和所有者权益的构成情况，据以评价公司资金营运、财务结构是否正常、合理；分析公司的流动性或变现能力，以及长、短期债务数量及偿债能力，评价公司承担风险的能力；利用该表提供的资料还有助于计算公司的获利能力，评价公司的经营绩效。

3. 现金流量表

现金流量表是反映公司现金流入与流出信息的报表。该表中的现金不仅指公司在财会部门保险柜里的现钞，还包括银行存款、短期证券投资和其他货币资金。

利用现金流量表可以分析公司经营活动、投资活动和筹资活动所产生的现金收支活动，以及现金流量净增加额，从而有助于分析公司的变现能力和支付能力，进而把握公司的生存能力、发展能力和适应市场变化的能力。

9.1.3 与其他系统的关系

报表系统与其他系统均有关系，通过系统所提供的取数公式，从信息系统的各个子模块中提取数据，编制各类报表。

9.2 实验练习

实验一 利润表

➚ 应用场景

通过编制企业的利润表，以反映企业一定阶段的经营成果。

➚ 实验步骤

- 定义利润表的格式。
- 定义利润表的取数公式。
- 查询利润表。

➚ 操作部门及人员

利润表编制由财务部主管张婷负责，财务经理许静则负责查询并审核报表。

➚ 实验前准备

恢复前述备份账套：F诚信电子公司(现金管理)。

- 实验数据

直接取总账系统中的相关数据，具体操作见下面的描述。

- 操作指导

1. 调整时间

将系统时间调整为 2015-02-28。

2. 定义利润表的格式

在 K/3 主界面，执行【财务会计】—【报表】—【(行业)新企业会计准则】—【新会计准则利润表】命令，打开新会计准则利润表，执行【文件】—【另存为】命令，将文件另存为"新会计准则利润表(实验)"。

利润表主界面的格式与 Excel 的操作类似。

将 B 列的所有单元格设置为居中对齐方式，将 C 列的所有单元格设置为居中对齐方式，同时 C 列所有单元格的属性为"数值"，选择其基本模式为"#,##0.00;-#,##0.00;"""，如图 9-1 所示。将 C 列的标题改为"本年金额"。

图 9-1 设置报表列格式

3. 定义利润表取数公式

在利润表中已经定义了相应的公式，为了练习，先将所有的公式删除。

选择"营业收入"与 B 列所交叉对应的单元格，再单击界面上部的"＝"，选择"ACCT"取数公式框。在弹出的对话框中，选择"科目"所对应的文本框，按 F7 键。在【取数科目向导】对话框中，单击【科目代码】按钮，在弹出的【会计科目】框中，选择【6. 损益】页签，选择"6001 主营业务收入"，确定后，退回"取数科目向导"，单击【填入公式】，在"科目参数"中将自动填入"6001"科目代码，确定后返回。

在"取数类型"的文本框中按 F7 键，选择"SY"(利润表本期实际发生金额)。

"货币"、"年度"等的设置不用做，采用系统默认值。返回到利润表的主界面，可以看到"营业收入"的公式变为"=ACCT("6001","SY","",0,0,0,"")"。

参照以上的方式，设置"营业收入"与 C 列所交叉对应的单元格。其中的"取数类型"应选择"SL"（损益科目本年实际发生额），公式变为："=ACCT("6001","SL","",0,0,0,"")"。

用同样的方法，设置"营业成本"、"营业税金及附加"的取数公式。

"销售费用"、"管理费用"、"财务费用"、"资产减值损失"、"公允价值变动收益"、"投资收益"的设置方法同"营业收入"。

"营业利润"的公式在利润表中已经表示出，可按照与 Excel 表格相同的公式设置。

"营业外收入"、"营业外支出"的设置方法同"营业收入"。

"利润总额"的计算公式在利润表中已经表示出，可按照 Excel 表格的公式设置。

"所得税费用"的设置方法同"营业收入"。

"净利润"的计算公式在利润表中已经表示出，可按照 Excel 表格的公式设置，如图 9-2 所示。单击【保存】按钮。

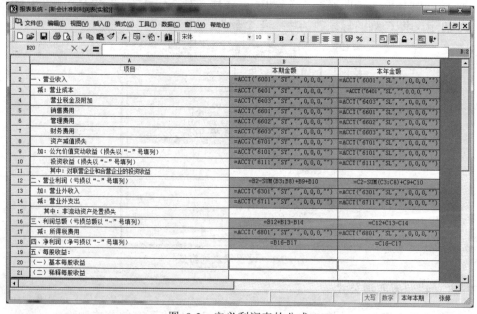

图 9-2　定义利润表的公式

4. 查询利润表

以财务部经理许静的身份登录系统。

在 K/3 主界面，执行【财务会计】-【报表】-【(性质)报表】-【新企业会计准则利润表(实验)】命令，将弹出前面定义好的报表。选择菜单【视图】-【显示数据】，然后再选择菜单【数据】-【报表重算】，可以看到，系统自动取数并生成了报表，如图 9-3 所示。

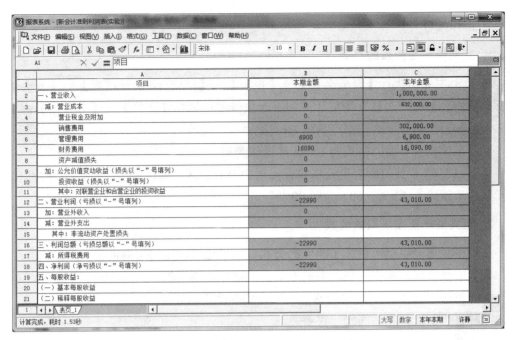

图 9-3 查看利润表计算结果

如果希望系统重新计算,可以选择【数据】-【报表重算】命令来进行。

实验二 资产负债表

↗ 应用场景
通过编制企业的资产负债表,反映企业在特定阶段的资产、负债和所有者权益状况。

↗ 实验步骤
- 定义资产负债表的格式。
- 定义资产负债表的取数公式。
- 查询资产负债表。

↗ 操作部门及人员
资产负债表的编制由财务部主管张婷负责,财务经理许静查询并审核报表。

↗ 实验前准备
- 继续在前述账套上操作。

↗ 实验数据
直接取总账系统中的相关数据,具体操作见下面的描述。

操作指导

1. 定义资产负债表的格式

在 K/3 主界面执行【财务会计】—【报表】—【(行业)新会计准则】—【新会计准则资产负债表】命令,打开新会计准则资产负债表,执行【文件】—【另存为】命令,将文件另存为"新会计准则资产负债表(实验)"。

资产负债表主界面的格式与 Excel 的操作类似。

将 B、C、E、F 列的所有单元格设置为居中对齐方式,所有单元格的属性为"数值",选择其基本模式为"#,##0.00;-#,##0.00;"""。

2. 定义资产负债表取数公式

在资产负债表中已经定义了相应的公式,为了练习,先将所有的公式删除。

定义取数公式的操作同利润表的取数公式操作是相同的。

在弹出的 ACCT 公式定义对话框中进行如下设置。

"科目"的选择在后面统一讲解。

"取数类型":位于列"期末余额"的项目,选取"Y 期末余额";位于列"年初余额"的项目,选取"C 期初余额"。

"货币"、"年度"不用设置。

"起始期间":位于列"期末余额"的项目,不用填;位于列"年初余额"的项目,填 1,表示取第一期的数据。

"结束期间":位于列"期末余额"的项目,不用填;位于列"年初余额"的项目,填 1,表示取第一期的数据。

每个项目的解释和设置如下。

资产部分:

- "货币资金"所对应的科目是"1001 现金"到"1012 其他货币资金"。
- "交易性金融资产"、"应收票据"的设置较简单,可选择相应的科目。
- "应收账款"是"1122 应收账款"与"2203 预收账款"之和。"取数类型"分别为"JY 借方期末余额"(对期末数而言);"JC 借方期初余额"(对年初数而言)。
- "预付款项"是"1123 预付账款"与"2202 应付账款"之和。但"取数类型"分别为"JY 借方期末余额"(对期末数而言);"JC 借方期初余额"(对年初数而言)。
- "应收利息"、"应收股利"、"其他应收账款"的设置较简单,可选择相应的科目。
- "存货"的科目选择是"1401 材料采购"到"1408 委托加工物资",减去"1471 存货跌价准备"。

- "流动资产合计"的计算公式是以上各项之和。其计算公式的设置与Excel表格中的SUM公式类似。
- "可出售金融资产"可选择相应的科目。
- "持有到期投资"是两个科目"1501 持有至到期投资"和"1502 持有至到期投资减值准备"的差值。
- "长期应收款"可选择相应的科目。
- "长期股权投资"是两个科目"1511 长期股权投资"和"1512 长期股权投资减值准备"的差值。
- "投资性房地产"可选择相应的科目。
- "固定资产"是科目"1601 固定资产"减去"1602 累计折旧"、"1603 固定资产减值准备"两个科目。
- "在建工程"、"工程物资"、"固定资产清理"可选择相应的科目。
- "生产性生物资产"、"油气资产"不用设置。
- "无形资产"是科目"1701 无形资产"减去"1702 累计摊销"、"1703 无形资产减值准备"两个科目。
- "开发支出"、"商誉"、"长期待摊费用"、"递延所得税资产"可选择相应的科目。
- "其他非流动资产"不用设置。
- "非流动资产合计"按照Excel表格中的SUM公式的格式设置。
- "资产总计"是以上"流动资产合计"、"非流动资产合计"的和。

负债部分：

- "短期负债"可选择相应的科目。
- "交易性金融负债"可选择相应的科目。
- "应付票据"可选择相应的科目。
- "应付账款"是"1123 预付账款"与"2202 应付账款"之和。但"取数类型"分别为"DY 贷方期末余额"(对期末数而言)；"DC 贷方期初余额"(对年初数而言)。
- "预收款项"是"1122 应收账款"与"2203 预收账款"之和。但"取数类型"分别为"DY 贷方期末余额"(对期末数而言)；"DC 贷方期初余额"(对年初数而言)。
- "应付职工薪酬"、"应交税费"、"应付利息"、"应付股利"、"其他应付款"可选择相应的科目。
- "其他流动负债"可不用设置。
- "流动负债合计"是以上各项之和，可按照Excel表格中的SUM函数来设置。

- "长期借款"、"应付债券"、"长期应付款"、"专项应付款"、"预计负债"、"递延所得税负债"可选择相应的科目。
- "非流动负债合计"是以上各项之和,可按照 Excel 表格中的 SUM 函数来设置。
- "负债合计"是"流动负债合计"与"非流动负债合计"的和。

所有者权益部分:
- "实收资本(或股本)"、"资本公积"、"库存股"、"盈余公积"可选择相应的科目。
- "未分配利润"是"4103"与"4104"之和。
- "所有者权益合计"是以上各项之和,但应减去"库存股"。
- "负债和所有者权益总计"是"负债合计"与"所有者权益合计"之和。

设置完成后如图 9-4 所示,然后单击【保存】按钮。

图 9-4 设置资产负债表的公式

3. 查询资产负债表

以财务部经理许静的用户名登录系统。

在 K/3 主界面,执行【财务会计】－【报表】－【(行业)股份制】－【股份制资产负债表(实验)】命令,将弹出前面定义好的报表。选择菜单【视图】－【显示数据】,然后选择菜单【数据】－【报表重算】,可以看到,系统自动取数并形成了报表,如图 9-5 所示。

在报表中填好"编制单位"、"年 月",然后单击【保存】按钮。

如果希望系统重新计算,执行【数据】－【报表重算】命令即可。

图 9-5 查看资产负债表的计算结果

实验三 现金流量表

➤ 应用场景

通过编制企业的现金流量表，以反映企业现金流入与流出的信息。

➤ 实验步骤

- 现金流量表项目和参数设置。
- 编制现金流量表主表。
- 编制现金流量表附表。
- 查询现金流量表。

➤ 操作部门及人员

现金流量表编制由财务部主管张婷负责，财务经理许静查询并审核报表。

➤ 实验前准备

直接采用前述完成的资产负债表设置账套。

➤ 实验数据

直接取总账系统中的相关数据，具体操作见下面的描述。

➤ 操作指导

1. 现金流量表项目和参数设置

在 K/3 主界面，执行【系统设置】—【基础资料】—【公共资料】—【现金流量项目】命令，在界面中列出了现金流量表项目，其设置的内容与财务部的规定相一致，不需要再改动，如图9-6所示。

图 9-6 现金流量项目

在K/3主界面，执行【系统设置】—【基础资料】—【公共资料】—【科目】命令，打开【会计科目】对话框。选择页面左边的【资产】—【流动资产】，选取并双击与现金相关的科目，确认"库存现金"、"其他货币资金"已经勾上"现金科目"属性，"银行存款"已经勾上"银行科目"属性。

2. 编制现金流量表主表

现金流量表主表的编制主要是通过T型账户法，将所有包含现金科目的凭证进行过滤，通过指定凭证内的现金科目对应的主表项目来编制。

在K/3主界面，执行【财务会计】—【现金流量表】—【现金流量表】—【T型账户】命令，在过滤窗口中设置币别为【综合本位币】，再设置期间，如图9-7所示。单击【确定】，打开【T型账户】对话框。

图 9-7 现金过滤条件

(1) 设置借方的现金项目

选择"借方"下面的"非现金类",右键单击"非现金类",在弹出的快捷菜单中选择"按下级科目展开",再右键单击"1221－其他应收款",在弹出的快捷菜单中选择"选择现金项目",在弹出的提示窗口中选择"是",进入现金流量项目的选择窗口。从中选择"CI1.01.03 收到其他与经营活动有关的现金",如图9-8所示,双击返回。

图 9-8 选择借方现金流量项目

(2) 设置贷方的现金项目

选择"贷方"下面的"非现金类"。右键单击"非现金类"。在弹出的快捷菜单中选择"按下级科目展开"。再右键单击"1221－其他应收款",在弹出的快捷菜单中选择"选择现金项目",在弹出的提示窗口中选择"是",进入现金流量表项目的选择窗口。从中选择对应的现金流量项目为"CI1.02.04 支付的其他与经营活动有关的现金",如图9-9所示,双击返回。

图 9-9 选择贷方现金流量项目

以同样的方式，设置"6603 财务费用"所对应的现金流量表的项目"CI4.01 现金流入"。

设置"6602 管理费用"所对应的现金流量项目为"CI1.02.04 支付的其他与经营活动有关的现金"。

3. 编制现金流量表附表

现金流量表附表是从净利润出发，调整相关资产、负债科目后编制而成。另外，附表的编制应基于主表进行。

在 K/3 主界面，执行【财务会计】—【现金流量表】—【现金流量表】—【附表项目】命令，在"过滤条件"对话框中，选择"币别"为"综合本位币"，单击【确定】，进入"现金流量表附表二"。双击"所有科目"，展开具体的科目明细。选择其中的一项具体明细，按照与主表相同的操作方式设置附表项目，具体的对应关系如下：

选择"6602 管理费用"，右键单击，选择"附表项目"，按照前面所讲的操作方式，设置所对应的现金流量项目为"CI5.01.16 其他"。

选择"6603 财务费用"，右键单击，选择"附表项目"，设置所对应的现金流量表的项目"CI5.01.09 财务费用"，如图 9-10 所示。

图 9-10　选择附表的现金流量项目

4. 查询现金流量表

在 K/3 主界面，执行【财务会计】—【现金流量表】—【现金流量表】—【现金流量表】命令，设置过滤条件为"期间"，并将币别设置为"综合本位币"，进入现金流量表主界面。系统将根据所设置的科目生成相应的数据报表，如图 9-11 所示。

图 9-11 查看现金流量表结果

上述试验做完后，备份账套，备份文件名为"F 诚信电子公司(现金流量表)"。

第 10 章 模拟练习案例

经过前面的学习,我们基本可以了解会计信息系统的各项实际操作。下面请根据给出的模拟练习案例独自完成企业的会计电算化操作。

10.1 案例背景

为创公司是深圳一家销售生活用纸的批发公司,主要面向深圳的超市、商场等销售面巾纸、卷筒纸、湿纸巾等纸类用品。由于业务发展需要,拟于 2015 年 1 月使用金蝶 K/3 信息系统。该企业的组织架构如图 10-1 所示。

图 10-1　组织架构

10.2 初始化

10.2.1 建账

1. 新建账套

(1) 账套号:001。

(2) 账套名:为创。

(3) 账套类型:标准供应链解决方案。

2. 添加用户

添加的用户信息如表 10-1 所示。

表 10-1 用户信息

职员	部门	职务、职责
李明	行政人事部	总经理
唐兵	行政人事部	工资计算、资产管理
陈民	财务部	经理
高起	财务部	会计
王明	财务部	出纳
刘雨	采购部	经理
许三	采购部	采购员
罗元	销售部	经理
任武	销售部	销售业务员
龙英	仓管部	经理
张才	仓管部	宝安仓管员
常胜	仓管部	广州仓管员

10.2.2 设置系统参数

根据要求设置系统参数。建议在总账系统参数中勾选【录入凭证时指定现金流量附表项目】及【现金流量科目必须输入现金流量项目】，学习现金流量表的多种编制方法。

10.2.3 设置基础资料

1. 会计科目

引用新会计准则会计科目。

2. 计量单位

计量单位信息如表 10-2 所示。

表 10-2 计量单位

计量单位组	计量单位代码	计量单位名称	是否为基本计量单位	系数
数量组	01	包	是	1
	02	卷	否	1
	03	盒	否	10
	04	箱	否	20

3. 客户

客户信息如表 10-3 所示。

表 10-3 客户信息

客户代码	客户名称
001	沃玛超市
002	万佳商场
003	天红商场

4. 供应商

供应商信息如表 10-4 所示。

表 10-4 供应商信息

供应商代码	供应商名称
001	为达公司
002	洁霸公司
003	花柔公司

5. 物料

物料信息如表 10-5 所示。

表 10-5 物料信息

代码	名称	计量单位	计价方法
001	面巾纸		
001.01	为达面巾纸	包	加权平均
001.02	洁霸面巾纸	包	加权平均
002	卷筒纸		
002.01	为达卷筒纸	包	加权平均
002.02	洁霸卷筒纸	包	加权平均
003	湿纸巾		
003.01	花柔湿纸巾	包	加权平均

10.2.4 初始化数据

1. 出纳初始数据

年初库存现金 5 000 元；年初银行存款日记账余额 1 200 000 元，银行对账单余额 1 150 000 元。

年初的银行存款余额调节表如表 10-6 所示。

表 10-6　年初的银行存款余额调节表

银行日记账余额	1 200 000	银行对账单	1 150 000
+银行已入企业未入		+企业已入银行未入	30 000
-银行已付企业未付	20 000	-企业已付银行未付	
合　　计	1 180 000	合　　计	1 180 000

2. 固定资产初始数据

2014 年 2 月 1 日，购入东风运输车 5 台供仓管部送货用，每台单价 60 000 元，预计使用 5 年，采用平均年限法计提折旧，无预计净残值，截至 2015 年 1 月 1 日，已提折旧 10 000 元。

3. 存货初始余额

存货初始余额如表 10-7 所示。

表 10-7　存货初始余额

编　码	数 量 余 额	金　　额	仓　　库
001.01	3 000	9 000	宝安仓库
001.02	10 000	30 000	宝安仓库
002.01	2 000	2 000	宝安仓库
002.02	4 000	4 000	宝安仓库
003.01	5 000	10 000	宝安仓库

注：广州仓库暂时无存货。

4. 应收应付初始余额

应收应付初始余额如表 10-8 和表 10-9 所示。

表 10-8　应收初始余额

客户名称	单据类型	单据日期	应收金额
沃玛超市	普通发票	2014-12-23	500 000
万佳商场	其他应收单	2014-12-23	20 000

表 10-9 应付初始余额

供应商名称	单据类型	单据日期	应付金额
为达公司	增值税发票	2014-12-20	400 000
洁霸公司	其他应付单	2014-12-20	100 000

5．总账科目初始余额

总账科目初始余额如表 10-10 所示。

表 10-10 总账科目初始余额

科目名称	方向	期初余额
现金	借	5 000
银行存款		
——工行	借	1 200 000
——建行	借	0
应收账款		
——沃玛超市	借	500 000
——万佳商场	借	20 000
库存商品	借	55 000
固定资产	借	300 000
累计折旧	贷	10 000
短期借款	贷	
应付账款		
——为达公司	贷	400 000
——洁霸公司	贷	100 000
实收资本	贷	1 570 000

10.2.5 结束初始化

存货核算系统、应收应付系统、固定资产、现金管理、总账系统依次结束初始化。

在企业实际运用中，建议按照应收应付系统→存货核算系统→固定资产→现金管理→总账系统的顺序进行结束初始化操作。因为，存货核算系统启用后，应收应付系统如果还未结束初始化，采购、销售系统的发票将无法传递到应收应付系统，从而会导致应收应付系统和供应链系统的数据不一致。

10.3 日常业务处理

10.3.1 采购管理

(1) 采购部采购员许三于 2015 年 1 月 15 日向为达公司订购面巾纸 1 000 箱,单价 50 元(不含税价)。2015 年 1 月 20 日货到,当日采购部门通知宝安仓库入库,同日收到为达公司开出增值税发票。

(2) 采购部采购员许三于 2015 年 1 月 16 日向洁霸公司订购卷筒纸 1 000 箱,单价 20 元(不含税价)。2015 年 1 月 20 日货到,当日采购部门通知宝安仓库入库。

10.3.2 销售管理

(1) 万佳商场于 2015 年 1 月 20 日向销售部任武订购为达面巾纸和花柔湿纸巾各 500 盒,销售价分别是 50 元(不含税价)、40 元(不含税价)。当日宝安仓库发货,销售部门开具销售发票。

(2) 天红商场于 2015 年 1 月 25 日向销售部任武订购洁霸卷筒纸 100 箱,销售价 50 元(不含税价)。当日宝安仓库发货。

(3) 月底,天红商场退回 3 箱受潮卷筒纸,入宝安仓库。

10.3.3 仓存管理

月末盘点,发现实存洁霸卷筒纸比账面多 50 卷,花柔湿纸巾比账面少 80 包,做盘盈盘亏处理。

10.3.4 核算管理

(1) 进行出入库成本核算。
(2) 制作凭证。

10.3.5 应收管理

(1) 2015 年 1 月 25 日收到万佳商场银行票据 30 000 元。
(2) 2015 年 1 月 28 日收到万佳商场转账支票 4 000 元。
(3) 万佳商场于 2015 年 1 月 20 日向销售部任武订购为达面巾纸和花柔湿纸巾各 500 盒,销售价分别是 50 元(不含税价)、40 元(不含税价)。当日宝安仓库发货,销售部门开具销售发票。
(4) 天红商场于 2015 年 1 月 25 日向销售部任武订购洁霸卷筒纸 100 箱,销售价 50

元(不含税价)。但月底,天红商场退回 3 箱受潮卷筒纸,销售部门开具 97 箱卷筒纸的销售发票。

10.3.6 应付管理

(1) 2015 年 1 月 20 日支付为达公司货款(电汇)30 000 元。

(2) 2015 年 1 月 20 日支付洁霸公司转账支票 20 000 元。

(3) 采购部采购员许三于 2015 年 1 月 15 日向为达公司订购面巾纸 1 000 箱,单价 50 元(不含税价)。2015 年 1 月 20 日货到,当日采购部门通知宝安仓库入库,同日收到为达公司开出增值税发票。

10.3.7 资产管理

(1) 2015 年 1 月 5 日,财务部提出申请,拟申请三台笔记本电脑给新进的员工使用。

(2) 采购部收到财务部的申请后,2015 年 1 月 6 日找到联想的经销商进行采购,根据财务部的配置要求,每台电脑的采购价为 6000 元(含税价)。

(3) 2015 年 1 月 7 日,三台笔记本电脑到货,联想经销商一并带来了销售发票。验货后,采购部即通知财务部开出了一张转账支票。

(4) 2015 年 1 月 28 日,财务部新进员工到岗,申请领用三台笔记本电脑。

(5) 月末计提折旧,并生成凭证。

10.3.8 工资管理

工资的计算公式如下:

$$应发合计=基本工资+奖金$$
$$扣款合计=病假+事假+代扣所得税+三险$$
$$实发合计=应发合计-扣款合计$$

一月实际工作天数为 20 天,病假只能领取基本工资的 70%,事假则无工资。所以,

$$病假所扣工资=基本工资/20*30\%*病假天数$$
$$事假所扣工资=基本工资/20*事假天数$$

所得税的基本扣除额为 3 500 元,三险按基本工资的 10%缴纳。详细数据如表 10-11 所示。

表 10-11 工 资 数 据

职员姓名	基本工资	奖 金	病假天数	事假天数	代扣所得税	三险
李明	9 000	5 000				
唐兵	3 000	1 000				
陈民	7 000	3 000	3			

(续表)

职员姓名	基本工资	奖金	病假天数	事假天数	代扣所得税	三险
高起	6 000	3 000				
王明	4 000	2 000		2		
刘雨	7 000	3 000				
许三	4 000	1 000				
罗元	7 000	3 000				
任武	2 000	5 000				
龙英	6 000	3 000				
张才	1 000	1 000				
常胜	1 000	1 000				

10.3.9 总账管理

(1) 5日，提取现金10 000元备用。

借：现金　　　　　　　　　10 000

　　贷：银行存款——建行　　10 000

(2) 20日，任武等报销本月通信费。

借：管理费用——通信费/销售部/任武　　500

　　　　　　——通信费/行政人事部/李明　　800

　　　　　　——通信费/财务部/陈民　　300

　　贷：现金　　　　　　　　　　　　1 600

10.3.10 现金管理

(1) 月底库存现金13 400元。

(2) 从工行拿回的对账单如表10-12所示。

表10-12 对账单

日期	摘要	借贷方向	金额
2015-01-05	取现	借	10 000
2015-01-20	支付货款	借	30 000
2015-01-20	支付货款	借	20 000
2015-01-28	货款入账	贷	4 000

10.3.11 报表管理

编制资产负债表、利润表、现金流量表。

10.4 期末处理

按照核算管理系统→应收应付系统→固定资产系统→工资系统→现金管理系统→总账系统的顺序进行期末业务处理。